C. S. 루이스와 함께한 하루

CONVERSATIONS WITH C.S. LEWIS
by Robert Velarde

Originally published by InterVarsity Press as Conversations with C.S. Lewis
by Robert Velarde.
Copyrights 2008 by Robert Velarde.
Translated and printed by permission of InterVarsity Press,
P.O. Box 1400, Downers Grove, IL 60515, USA.
All rights reserved.

Korean Edition published by Word of Life Press, Seoul 2009
Printed in Korea.

C. S. 루이스와 함께한 하루

ⓒ 생명의말씀사 2009

2009년 7월 27일 1판 1쇄 발행
2009년 11월 15일   2쇄 발행

펴 낸 이	김창영
펴 낸 곳	생명의말씀사
등 록	1962. 1. 10. No.300-1962-1
주 소	110-101 서울 종로구 송월동 32-43
전 화	(02)738-6555(본사), (02)3159-7979(영업부)
팩 스	(02)739-3824(본사), 080-022-8585(영업부)

기획편집	박미현
일러스트	백선웅
디 자 인	오수지
제 작	신기원, 오인선, 홍경민
마 케 팅	이지은, 선승희, 박혜은
영 업	박재동, 김창덕, 김규태, 이성빈, 김덕현, 황성수
인 쇄	영진문원
제 본	정문바인텍

ISBN 978-89-04-11084-1 (03230)

저작권자의 허락없이 이 책의 일부 또는 전체를
무단 복제, 전재, 발췌하면 저작권법에 의해 처벌을 받습니다.

C. S. 루이스와 함께한 하루

로버트 벨라르드 지음 | 박상은 옮김

Contents

#01 _ 병실에서의 첫 만남
  '잭'이라고 부르게. 믿기지 않는가? · 6

#02 _ 잭의 고향집과 가족
  채워지지 않는 갈망을 느껴본 적 있는가? · 20

#03 _ 잭의 선생님과 무신론
  이성으로 하나님을 증명할 수 있는가? · 37

#04 _ 전쟁의 참호 속에서
  하나님이 선하시다면 악은 왜 허용하는가? · 62

#05 _ 잭의 학교에서 진리를 찾아
  생각이 인간성을 파괴할 수 있는가? · 88

#06 _ 오토바이 위의 예기치 못한 경험
  무엇이 우리를 회심으로 이끌까? · 113

#07 _ 방송국에 간 순전한 그리스도인
  절대적 도덕률의 근거는 무엇인가? · 132

#08 _ 술집에 모인 친구들
  사랑, 우정, 이성을 지닌 인간이 우연의 소산인가? · 162

#09 _ 루이스 부인과 슬픔의 의미
  악의 문제의 정서적 측면에 어떻게 대처하는가? · 183

#10 _ 잿빛 상상의 도시에서
　　　악마는 당신의 생각에서 선한 것을 밀어낸다네 · 203

#11 _ 나니아와 상상의 세계
　　　상상력이 지성과 믿음에 도움이 되는가? · 218

#12 _ 다시 잭의 집에서
　　　영원불멸과 지옥, 그리고 위대한 이야기 · 242

에필로그 _ 하나님을 찾는 여행을 시작하다 · 261

감사의 말 · 268

#01 병실에서의 첫 만남
'나'는 자신이 C. S. 루이스라 주장하는 낯선 이를 만난다.
그와의 여행이 시작된다.

'잭'이라고 부르게.
믿기지 않는가?

C. S. 루이스는 1963년에 세상을 떠났지만, 나는 지난 주에 그를 만났다. 적어도 내 생각에는 그렇다. 그는 내가 입원해 있는 병실 안의 낡았지만 화려한 비닐 커버가 씌워진 의자에 앉아 구깃구깃한 신문을 펴놓고 조용히 낱말맞추기 퀴즈를 풀고 있었다. 내가 잠든 사이에 들어온 게 분명했다. 잠에서 깨어 눈을 비비던 나는 불현듯 나 혼자가 아니라는 사실을 깨달았다.

"이봐요." 쇠약해진 나의 꽉 잠긴 목에서 메마르고 가냘픈 소리가 흘러나왔다. 그 사람은 내 말을 듣지 못한 듯했다. 나는 물을 한 잔 마셔서 목을 틔운 후 좀더 큰 소리로 불렀다. "이봐요."

"안녕하신가, 젊은이." 그 사람의 깊이 있는 음색과 또렷한 영국식

"잭이라고 부르게."
"뭐라고요? 방금 전에 C. S. 루이스라고 하지 않았던가요?"
"내 친구들은 나를 잭이라고 부른다네.
그러니 자네도 그렇게 불러주었으면 하네."

억양에 잠이 확 달아났다. 나는 서른세 살로, 내가 젊다고 생각하지는 않았지만, 그 낯선 사람에 비하면 확실히 젊은 편이었다.

그 사람은 신문을 조심스럽게 접어서 코트 호주머니에 넣은 후 안경을 벗어서 다른 쪽 호주머니에 넣었다.

그는 50대나 60대 초반쯤으로 보였다. 검은 머리가 조금 남아 있긴 했지만 주로 가장자리에만 나 있었고, 가운데는 거의 대머리였다. 얼굴은 발그레하니 혈색이 돌았지만 옷차림은 단정치 못했다. 입고 있는 갈색 재킷은 흡사 세탁물 더미에서 끄집어낸 것처럼, 주름이 방의 이쪽 끝에서도 보였다. 짙은색 코듀로이 바지도 상의보다 나을 게 없었다. 하지만 얼굴 표정은 온화했다. 그 온화한 표정이 내게서 낯선 사람을 대할 때의 불안감을 앗아갔다.

"면회 시간은 끝났는걸요. 게다가 병실을 잘못 찾아오신 것 같군요." 내가 말했다.

그는 말없이 창밖을 내다보다가 이윽고 입을 열었다.

"눈이 오는군."

그러나 단순히 눈이 온다는 말로는 부족했다. 밖에는 눈보라가 치고 있었다.

"나는 늘 눈을 좋아했다네. 비록 그 상태가 영원히 지속될 수는 없었지만…… 그런데," 그는 내 쪽을 돌아보며 말을 이었다. "읽고 있는 책은 뭔가?"

나는 오른쪽의 식판 위에 놓인 문고본 책을 힐끗 쳐다보고는 살짝 당황해서 대답했다. "C. S. 루이스의 《순전한 기독교 Mere Christianity》입니다. 혹시 읽어보셨나요?"

"물론 읽어 보았다마다!" 그는 껄껄 웃었다. "실은 내가 그 책을 썼다네. 음, 책을 썼다기보다는 먼저 라디오에서 강연한 것을 나중에 책으로 냈지."

나는 재빨리 간호사를 부를 때 누르는 호출 버튼을 찾았다. 내 앞에 있는 사람은 미치광이이거나 적어도 거짓말쟁이가 틀림없었기에. 하지만 버튼에 연결된 코드가 바닥에 떨어져 있었다. 위급한 상황은 아니었으므로 나는 잠시 이 기묘한 인물과 대화를 나눠보기로 했다. 어쨌든 텔레비전을 보는 것보다는 나을 테니까. 게다가 나는 몸 상태가 많이 안 좋아서 다른 일에 마음을 쏟는 편이 나았다.

"당신이 썼다고요?" 나는 조심스럽게 말했다. "하지만 그 책은 C. S. 루이스가 썼고, 그는…… 음, 그는 죽었는데요."

"그렇지. 하지만 자네는 정말로 사람이 죽으면 더 이상 존재하지 않는다고 생각하나?"

"그렇습니다만."

"그렇군. 이 문제에 대해서는 나중에 다시 이야기하기로 하세. 하지만 그렇더라도 내가 그 책을 쓴 건 틀림없는 사실이네. 그런데 자네는 이 책이 어디서 났나?"

"선물 받은 겁니다…… 예전에 친했던 사람에게서. 하지만 음, 루이스 씨," 나는 그를 좀더 놀려주기로 했다.

"잭이라고 부르게."

"뭐라고요? 방금 전에 C. S. 루이스라고 하지 않았던가요?"

나는 책을 집어들고 뒷면의 저자 약력을 읽기 시작했다. "클라이브 스테이플스 루이스(Clive Staples Lewis, 1898-1963)는 케임브리지 대학교에서 중세 및 르네상스 문학을 가르쳤으며……."

"맞아. 하지만 만약 자네가 클라이브 스테이플스 같은 이름을 갖고 있다면 사람들이 잭이라고 불러주는 것을 더 바라지 않을까?" 그는 진지하게 말했지만, 그의 눈은 은밀한, 아니 어쩌면 그렇게까지 은밀하지는 않은 장난기로 반짝거렸다. "내 친구들은 나를 잭이라고 부른다네. 그러니 자네도 그렇게 불러주었으면 하네."

"좋아요, 잭. 내 이름은 클러크예요. 토머스 클러크. 그냥 톰이라고 부르세요."

"그러지, 톰. 그럼 이제 화제를 바꿔볼까? 자네, 디킨스의 《크리스마스 캐럴Christmas Carol》 아나?"

"네, 영화로 봤습니다."

"영화라고? 오 이런, 자네는 독서를 좀 해야겠군그래. 언제 한 번 읽어보게나. 책이 훨씬 더 재미있으니까. 여하튼 스크루지가 크리스마스의 영들 셋의 방문을 받는 대목 기억하나?" 그는 위를 쳐다보며 생각에 잠겼다. "아니, 말리의 영까지 합쳐서 넷이라고 해야겠군."

"네, 알아요. 과거와 현재와 미래의 영이 스크루지를 찾아오죠. 그렇지만 저는 초자연적인 현상을 믿지 않는답니다."

"그렇다면 토론 주제가 하나 더 늘었군그래. 어쨌든 보다 그럴싸한 단어가 떠오르지 않으니 나를 영이라 해두세. 비록 썩 잘 어울리는 표현은 아니지만."

나는 호출 버튼을 눌러 간호사를 불러야겠다고 생각했다. 이 남자는 어쩌면 정신병동에서 도망쳐 나온 사람일지도 몰랐으므로. 그렇지만 특별히 위험해 보이거나 하지는 않았다.

"그러니까 루이스 씨……."

"괜찮다면 잭이라고 불러주게나."

"그러니까 잭, 당신 말씀은 당신이 C. S. 루이스고, 당신이 여기에 온 것은 《크리스마스 캐럴》에서 유령이 스크루지를 방문한 것과 비슷하다는 말인가요?" 터무니없는 소리다. 내가 속고 있는 게 아닐까? 이 남자가 나를 놀리려고 농담을 하고 있는 게 아닐까?

"대충 그렇다네, 톰. 하지만 나는 자네의 생애가 아니라 내 생애를 보여주려고 왔지."

"무슨 말씀이신지?"

"앞으로 몇 시간, 우리는 내 삶에서 중요한 의미를 갖는 장소들로 함께 여행을 떠날 걸세. 여행을 하면서 신학과 철학, 문학, 윤리 등 여러 가지 것들에 대해 토론할 수 있었으면 좋겠군. 자네는 내 친구들도 만나게 될 걸세. 실제 친구들과 상상속의 친구들 모두를."

자신감에 차 있는 이 낯선 사람은 누구일까? 그는 매우 친절해보였지만 정신적으로 불안정한 게 틀림없었다. 내가 꿈을 꾸고 있는 게 아닐까 하는 생각이 들었지만, 이건 내가 이제껏 꾸어온 그 어떤 꿈과도 달랐다. 어쩌면 화학치료를 받느라 생각을 명료하게 할 수 없게 된 것인지도 모른다.

"실제 친구와 상상속의 친구들이라뇨?" 내가 물었다.

"내 시대에 실존했던 인물들과 내가 쓴 소설속의 인물들을 만나게 될 거라는 말일세. 나는 이 책 이외에 소설도 여러 편 썼으니까." 그는 자랑을 한다기보다는 있는 그대로의 사실을 말하는 듯했다.

"《스크루테이프의 편지 The Screwtape Letters》같은 것들 말인가요?"

"그 책을 읽어보았나?" 그가 미소를 지었다.

"아, 아뇨." 나는 바보가 된 듯한 기분으로 대답했다. "여기 이 저자 약력에 적혀있는걸요." 나는 탁자 위에 내려놓은 문고본 책을 가리켰다. "그러니까 제게 상상속의 인물들을 소개시켜주겠다는 말씀인가요?" 내가 물었다.

"실제 친구들과 상상속의 친구들 모두를 소개시켜주겠네. 자네가 스크루테이프 같은 악마나 그의 조카 웜우드 같은 자를 만나고 싶어 할지는 모르겠지만 말이야. 상상속의 친구들로는 먼저 《나니아 연대기 Chronicles of Narnia》에 나오는 인물들부터 만나게 될 거야. 물론 그 이야기 속의 등장인물들 모두가 유쾌한 사람들은 못되지만."

"좋아요." 나는 천천히 입을 열었다. "하지만 그 사람들을 왜 만나야 하지요? 그냥 여기 앉아서 토론을 하면 안 될까요? 제가 여행을 할 수 있는 형편이 아니라서요. 환자복을 입고 있는 것도 그렇고."

"자네 건강은 문제될 게 없네. 여기서 토론을 하지 않는 이유는 내 인생과 성격 형성에 중요한 역할을 한 사람들을 만나보는 편이 더 현명하다고 여겨지기 때문일세. 우리는 서로 다른 인생을 살아왔지만 그래도 자네는 내게서 자네와 공통되는 중요한 한 가지를 발견하게 될 걸세."

"그게 뭡니까?"

"역사. 역사와 역사 속의 인물들. 우리는 시대의 산물이고, 우리가 영향을 준 사람들 못지않게 우리 삶에 영향을 끼친 사람들에게도 많은 것을 빚지고 있네. 자네의 운명을 결정하는 건 자네지만 자네 혼자 지금의 자네가 된 것은 아니라는 사실을 깨닫기 바라네."

"그럼 제가 당신과 함께 여행을 한다 치고, 대체 저를 어디로 데려갈 생각이시죠?"

"내가 어린 시절을 보낸 고향집부터 시작하기로 하지. 그 다음엔 내 어린 시절의 은사를 만나고, 그런 다음엔, 글쎄…… 우리가 무얼 하고 어디로 가서 누굴 만날지 미리 말해버리면 재미가 줄어들지 않겠나?" 그는 얼굴 가득 미소를 띠었다. "자, 준비 됐나, 톰?"

"루이스 씨, 아니 잭…… 저는 죽어가고 있습니다." 내가 왜 이런 말을 했는지는 모르겠지만, 그에게는 내 마음을 터놓게 하는 무언가가 있었다.

"그래. 때로는 생명을 얻기 위해 생명을 잃어야 할 때도 있지. 사람들은 누구나 죽어간다네…… 혹은 이미 죽었든가. 대부분의 사람들이 말일세."

"그렇지만 제 경우엔 죽음이 조금 일찍 찾아온 것 같아요."

"그렇다고 해도 달라질 건 아무것도 없네, 톰. 나하고 있으면 기운이 날 거야. 물론 유한한 존재이니만큼 가끔씩 피로감이나 소소한 불편을 느낄 수는 있겠지만 말이야. 하지만 당분간은 건강 문제로 여행을 못한다거나 하는 일은 없을 걸세."

나는 잠시 말을 멈추고 가만히 내 몸 상태를 체크했다. 어쩌면 내가 졸고 있거나 약기운에 취해 있는지도 모른다. 하지만 이 사람이 누구든 그는 내 건강 상태에 대해 진실을 말하고 있는 것 같았다. 나는 건강했다. 아니, 그 이상이었다. 나는 원기 왕성했다. 내 생명을 갉아먹던 질병이 적어도 당분간은 사라진 듯했다. 만약 기적이라는 게 있다면 지금의 내 몸 상태가 기적의 범주에 들리라. 하지만 나는 기적을 믿지 않는다. 물론 기분은 좋았다. 내가 꿈을 꾸고 있든가 아니면 환각 상태에 빠진 것이리라. 혹은 아까 먹은 쇠고기 몇 점이 잘못되어 헛것이 보이든가. 어찌 되었든 나는 호기심 때문에라도 그와의 대화를 계속 이어가기로 했다.

"내 말이 믿어지지 않나보군?" 그가 물었다.

"내가 믿는 건 우리의 뇌가 장난을 칠 수도 있다는 겁니다." 내가 말했다. "특히 병에 걸렸을 때는요."

"그럼 어떻게 하면 내가 실제로 존재한다는 것을 믿겠나?"

좋은 질문이었지만 대답이 떠오르지 않았다. 그의 존재를 믿지 못하는 마음이 너무도 컸지만, 그에게 어떤 증거를 대라고 해야 할지 잘 생각이 안 났다.

"당신이 어떤 증거를 대야 믿을 수 있을지 모르겠네요, 잭. 내게 무언가…… 일상적이지 않은 무언가를 보여준다면?" 이 말은 질문에 가까웠다. "어쨌든 당신이 가려고 하는 곳까지 어떻게 가지요? 병실을 나섰다가 간호사에게 들키기라도 하면 그 즉시 다시 돌아와야 할 텐데요." '그리고' 하고 나는 속으로 생각했다. '다음번 식사 때 후식이 나오지 않을 텐데요.'

"그게 재미있는 부분이지." 잭은 미소 띤 얼굴을 오른쪽으로 돌려 창밖을 내다보았다. 바깥에는 아직도 눈이 내리고 있었다.

별안간 섬세한 조각이 새겨진 커다란 옷장이 나타나서 창밖을 바라보던 내 시야를 가로막았다. 내가 제정신이 아니었든가 아니면 환각 상태에 빠져 있었던 게 틀림없다. 그렇지만 어쨌든 병실 안에는…… 옷장이 있었다. 나는 루이스가 쓴 유명한 동화 〈사자와 마녀와 옷장 The Lion, the Witch, and the Wardrobe〉을 떠올렸다. 내 기억이 맞다면 한 어린

소년이(아니, 소녀였던가?) 옷장을 통해 판타지의 세계로 들어갔던 것 같다. 거기서 그 아이는 신화 속의 인물을 만났지. 목신이었던가? 아니면 난쟁이? 잘 기억이 안 난다.

잭이 마치 내 생각을 읽기라도 한 것처럼 말했다. "물론 내가 쓴 동화 속의 소녀 루시는 판타지의 세계로 들어갔다네. 그러나 우리는 현실 세계로 들어가는 걸세. 자네의 현재와 미래에 영향을 미칠 나의 과거 속으로."

그는 일어나서 내 쪽으로 걸어오면서 따라오라는 듯이 손짓을 했다. "여러 가지 주제에 대해 토론할 시간이 되었네." 그 낯선 사람이 말했다.

이건 정말 판타지에나 나올 법한 일이었다. 나는 침대에서 내려와 싸구려 병원 슬리퍼를 재빨리 발에 꿰고는 주춤주춤 그에게로 다가갔다. 슬리퍼는 분홍색이었다. 남은 슬리퍼가 그것밖에 없었기 때문이다. 혹은 간호사가 그렇게 말했었다.

"괜찮아." 그는 마치 의사가 주사 맞기를 두려워하는 어린아이에게 말하듯 상냥하게 말했다. "괜찮지 않다면 내가 이리로 보내지지도 않았을 걸세."

나는 경황이 없어서 누가 무슨 일로 그를 '보냈'는지 물어보지 못했다. 잭은 내 손을 잡고 옷장 쪽으로 가서 문을 열었다. 옷장 안에는 다양한 색상과 크기의 모피 코트가 걸려 있었다. 잭이 먼저 들어가서 코트들 사이로 길을 냈다. 나는 옷장 문이 열려 있는지 확인한 후 그의 뒤를 따랐다. 옷장 안에 갇혀 있는 게 얼마나 한심한 일인지는 누구나가 아는 사실이었기에.

나는 이 어처구니없는 상황(환자복을 입고 얄팍한 분홍색 슬리퍼를 신은 채 어떤 미치광이와 함께 옷장 속에 들어가 있는)에 대해 생각하다가 문득 우리가 더 이상은 병실 안에 있지 않다는 것을 깨달았다. 우리는 햇빛 쏟아지는 야외의 (눈보라는 다 어디로 간 걸까?) 빅토리아 풍 저택 앞에 서 있었다.

"아일랜드의 '리틀 리'에 온 것을 환영하네." 잭이 미소 띤 얼굴로 저택 쪽을 가리키며 말했다.

잭의 고향집과 가족

아일랜드에 있는 잭의 고향집을 방문해서
잭의 아버지에 대한 이야기를 듣고 동경의 의미에 대해 토론한다.

채워지지 않는 갈망을
느껴본 적 있는가?

나는 밝은 빛에 익숙해질 때까지 눈을 깜박거렸다. 산들바람이 내가 꿈을 꾸는 게 아니라는 사실을 확인해주는 동시에 내가 환자복을 입고 있음을 상기시켜주었다. 등 뒤의 옷장과 그 너머로 보이는 어두운 병실이 얼핏 눈에 들어왔지만 여기에 대해 생각할 여유가 없었다. 무슨 소리가 들린 듯해서 나는 정원 쪽으로 고개를 돌렸다. 사내아이 둘이서 열심히 땅을 파고 있었다.

"잭, 저 아이들이 나를 볼 수 있나요?"

"아니," 잭이 주저하며 대답했다. "적어도 저 아이들이 자네를 보지는 못할 걸세. 그런데 그건 왜 묻나, 톰?"

"이런 옷차림으로 밖엘 돌아다니면 안 될 것 같아서요."

"옳은 말일세." 그는 오른손을 턱에 가져다댄 채 잠시 생각에 잠겼다. "코트를 입게."

"뭐라고요?"

"코트 말일세…… 옷장에 걸려 있는." 그가 옷장을 가리켰다.

나는 고개를 돌려 옷장 안의 모피 코트를 쳐다보았다. 왕실 예복만큼이나 멋진 모피 코트가 잔뜩 걸려 있었다. 환자복 위에 모피 코트를 걸치면 조금 나을까 싶어서 나는 커다란 갈색 코트를 가져다 천천히 팔을 꿰었다. 코트의 무게감이 편안하게 전해져왔지만 코트를 걸친다고 내 모습이 훨씬 더 나아보일 것 같지는 않았다.

나는 화제를 바꾸려고 물었다. "저 아이들은 무얼 하고 있는 거죠?" 실은 그들이 무얼 하고 있는지는 내게도 잘 보였다. 아이들은 흙투성이가 된 채 웃으며 땅을 파고 있었다.

"물론 땅을 파고 있지." 잭이 미소를 지으며 대답했다.

"왜요?"

"우리는 금이 들어 있는 항아리를 찾고 있다네."

그가 '우리'라는 말을 할 때 살짝 힘을 주어 말하는 것으로 보아 사내아이들 중 하나가 잭인 모양이었다. 참으로 흥미로운 꿈이라는 생각이 들었다. 어쨌든 C. S. 루이스에게 질문을 할 수 있는 시간이 날이 면 날마다 돌아오는 것은 아니지 않은가.

모피 코트를 입어서 한결 따뜻하긴 했지만 얼굴에 와 닿는 바람이 선뜩했다. 옷장의 거울에 비친 내 모습이 우스꽝스러웠지만 그런 것을 생각할 겨를이 없었다. 정원에서 들려오는 소음이 또다시 내 주의를 끌었기 때문이다.

"저 아이들이 누구죠?" 내가 물었다.

"오른쪽의 큰 아이는 우리 형 워런이고……."

"다른 아이는 당신이겠군요."

"그렇다네."

"그러니까 당신 말씀은 우리가 시간을 거슬러서 여행을 하고 있다는 건가요? 그건 불가능해요." 나는 잭이 기분 상하지 않도록 조심해서 말했다. 아직도 내가 환각 상태에 빠져 있거나 꿈을 꾸는 중이라고 여겨졌지만 환상 속의 인물에게 화를 내보았자 무슨 소용이 있으랴 싶었다.

"꼭 그런 건 아니지만 대충 그럼 셈이지. 시간여행이라기보다는 상황의 재현이라는 표현이 더 어울릴 걸세."

"그렇군요." 나는 그의 말을 잘 이해하지 못하면서도 이렇게 말했다. "저 아이들, 즉 당신과 당신 형은 왜 이곳에 금 항아리가 묻혀 있다고 생각하나요?"

"그날 아침에 유모와 산책을 나갔다가 무지개를 보았는데, 그 무지개가 우리 집 앞마당까지 이어져 있다고 생각한 거지. 나는 정원에서 금 항아리를 찾아보자고 워니(워런의 애칭-역주)를 설득했네. 어쨌든 여기는 레프리컨이 사는 아일랜드가 아닌가. 레프리컨이란 붙잡히면 보물이 있는 곳을 알려준다는 작은 요정일세."

"레프리컨이 뭔지는 저도 알아요, 잭."

"물론 그렇겠지."

아이들이 열심히 땅을 파서 구멍은 점점 더 커졌다.

난데없이 작은 개 한 마리가 요란하게 짖어대면서 우리 쪽으로 달려왔다.

"우리가 보이지 않는다고 하지 않았나요?" 내가 물었다. 개는 이제 내 발치까지 와서 코를 킁킁대며 으르렁거렸다.

"네로는 우리의 존재를 알아챌 수 있을 걸세." 잭이 대답했다. "그리고 어쩌면 다른 사람들도 우리를 알아볼 수 있을지 몰라."

"다른 사람들이라뇨? 그리고 네로가 누구죠?"

"저 개 이름이 네로야. 왜 그런 이름을 지어줬는지는 잊었지만."

"제가 알아맞혀 보죠." 내가 능글맞게 웃으며 말했다. 개는 여전히 코를 킁킁댔고, 가끔씩 내 발을 깨물어가며 으르렁거렸다.

"손을 내밀어보게…… 이렇게 부드럽게."

잭이 조심스럽게 손을 내밀자 개는 냄새를 맡아보더니 그 손을 핥으며 꼬리를 흔들었다.

"개를 만질 수도 있나요?" 내가 놀라서 물었다. 어쩐지 이 '재현' 속의 생물체와는 접촉할 수 없을 것 같았기 때문이다.

"그런 것 같군." 잭이 대답했다. "네로, 이제 가보렴." 잭이 무릎을 꿇고 개의 머리를 다정하게 쓰다듬으며 말했다. 개가 웃는 듯했다. 혀를 내밀고 한쪽으로 머리를 기울인 채. 그런 다음에 그 작지만 사나운 개는 잭을 쳐다보며 꼬리를 흔들더니 아이들 쪽으로 달려갔다.

개의 위협에서부터 자유로워진 나는 땅을 파는 아이들, 잭에 의하면 어린 시절의 잭과 워런에게로 주의를 돌렸다. 아이들은 땅 파기를 끝마친 듯했고, 정원에는 커다란 구덩이가 파여 있었다. 집 안에서 그들을 부르는 여자 목소리가 들리자 아이들은 현관문인 듯한 문 안으로 달려 들어갔다.

"시간을 조금 건너뛰기로 하세." 잭이 말했다. "앞으로 몇 시간 동안은 별로 흥미로운 일이 없을 테니까." 하늘의 구름이 빠르게 움직이면서 태양의 위치가 바뀌었고, 네로가 엄청나게 빠른 속도로 마당을 이리저리 뛰어다니다가 집 안으로 들어가 버렸다. 이윽고 모든 게 느리게 흘러가더니 정상 속도를 되찾았다. 어느덧 저물녘이 되었다.

한 사람이 정문을 향해 다가오는 게 보였다. 거리가 가까워지면서 그의 모습이 더 잘 보였다. 키는 잭과 비슷하거나 조금 더 큰 듯했지만, 입고 있는 옷은 잭의 구김이 간 옷과는 달리 말끔하게 다림질을 한 정장에 넥타이와 조끼, 검은색 중산모를 착용하고 있었다. 무성한 콧수염이 윗입술을 덮었고, 웃음기 없는 무표정한 얼굴이 무뚝뚝해 보였다. 나는 그가 사무적인 사람일 거라고 생각했다.

그는 활기차게 걸었다. 하루 일을 마치고 귀가하는 게 분명했다. 그렇지만 그는 정원의 구덩이 쪽으로 곧장 걸어가서는 내가 말릴 새도 없이 구덩이에 빠지고 말았다. 툴툴거리는 소리와 뭔가 알아들을 수 없는 소리가 들리더니 마침내 그가 구덩이에서 빠져나왔다. 옷은 구겨지고 흙이 묻었으며, 모자는 어디론가 사라지고 없었다. 그는 썩 유쾌해 보이지는 않은 표정으로 현관을 향해 단호하게 발걸음을 내디뎠다.

"우리 아버지라네." 잭의 미소 띤 얼굴에 그리움이 묻어났다. "아버지는 언짢아 하셨지. 내가 앞마당에 금 항아리가 묻혀 있다고 상상하고 이를 파내려 한 것이라고 설명했지만, 들으려 하지 않으셨어. 우리가 일부러 함정을 파놓았다고 생각하셨지."

"그래서 어떻게 됐어요?"

"유모인 리지 앤디컷이 나중에 엉덩이를 때려주겠노라고 으름장을 놓았지만 정말로 때리지는 않았어. 맨 처음 우리에게 땅을 팔 생각을 불어넣어준 사람이 리지라는 점을 생각하면 참으로 아이러니한 일이지. 우리에게 레프리컨에 대한 이야기나 무지개가 끝나는 곳에 금 항아리가 묻혀 있다는 이야기를 비롯한 온갖 이야기를 들려준 사람은 리지였으니까."

"그랬군요. 당신 아버지는……."

"앨버트일세."

"앨버트는 사무적인 사람이었나요?"

"그렇지. 그는 변호사였네. 아주 훌륭한 변호사였어. 그는 언변이 뛰어나고…… 열정이 넘쳤지. 물론 19세기 사람이었어. 남북전쟁 기간인 1863년에 태어났다네."

"아버지와의 사이는 좋았나요?" 나는 잭의 말투에서 아버지 이야기를 할 때 조금 불편해하는 기색을 알아차리고 물었다.

그는 잠시 나를 물끄러미 바라보았다. "그럭저럭 괜찮은 편이었네. 비록 여러 해 동안 불편한 관계이긴 했지만. 차츰 나아졌지. 아버지는 좋은 사람이었어. 책을 좋아하고 토론을 좋아했지. 뛰어난 정치가들과 정치를 논할 수 있을 정도였으니까. 하지만……" 잭은 말을 멈추고는 수수께끼 같은 표정을 지었다. "……하지만 '감자'라는 말을 제대로 발음하지 못했어."

"뭐라고요?"

"감자. 아버지는 '감자'를 제대로 발음하지 못했어. 특유의 아일랜드 억양 때문에 감자가 '캄자'처럼 들렸지. 워니와 나는 아버지를 '캄자 씨'라고 불렀어. 비록 면전에서는 그러지 못했지만 말이야. 우리를 위해 이 집, 리틀 리를 지은 사람도 아버지였어." 잭은 저택을 가리켰다. "내가 일곱 살이 되던 1905년에 이곳으로 이사를 왔지."

저택은 대단히 커서, 우리가 서 있는 곳에서 보이는 굴뚝만도 다섯 개는 되었다. 저택의 붉은 벽돌이 흰색 창틀과 주변의 녹색 식물들(꽃과 나무, 관목들), 그리고 점점 어두워져가는 푸른 하늘과 멋진 대조를 이루었다. 나는 전에 아일랜드에 와본 적이 없었고, 지금도 내가 여기 있다는 게 믿어지지 않았지만, 눈앞에 보이는 광경은 아름다웠다. 조용하고 평화로운 동네였다. 차 소리와 비행기 소리도 들리지 않았고 그 밖의 일상적인 소음도 들리지 않았다. 묘한 기분이 들면서 마음이 차분해졌다.

"이 집은 당신에게 매우 의미 있는 집이겠군요."

"그렇기도 하고 아니기도 하다네. 아이들이 대개 그렇듯 워니와 나는 우리 집에 애착을 느꼈지. 비가 자주 오는데다 밖에 나가 놀다가 감기라도 걸리면 어쩌나 하는 부모님의 걱정 때문에 우리는 주로 집 안에서 시간을 보냈어. 부모님이 책을 좋아하셔서 집에는 책이 많았지. 우리 집에는 텔레비전도 없었고 라디오나 사람들이 '인터넷'이라고 부르는 괴물도 없었어. 요즘 시대와는 많이 달랐지. 아이들에게는 좋은 시절이었다네. 적어도 교육적인 면에 있어서는.

형과 내가 '동물 나라'를 만든 것도 이 집에서였어. 나는 이 동물 나라를 '복센'이라고 불렀지. 우리는 옷을 입고 말을 하는 동물들을 주인공으로 정치적 음모가 얽힌 이야기들을 지어내며 놀았다네. 그림그리기와 독서에도 많은 시간을 할애했고. 우리가 읽지 못할 책은 아무것도 없었어. 비록 너무 어려서 이해하기 어려운 책도 많았지만 말이야. 내가 밀턴의 《실낙원Paradise Lost》을 처음 읽은 게 아홉 살 때쯤이었을 걸세. 다락에는 우리만의 멋진 공간이 있었는데, 우리는 그곳을 '조그만 꼭대기 방'이라고 불렀다네. 저 창문은……" 잭은 저택의 위층 창문을 가리켰다.

"……지금 생각해보면 내 안에 있는 이성과 상상력 사이의 갈등은 아주 일찍부터 시작되었던 것 같아. 어떤 면에서 상상력은, 비록 잠시 동안이긴 하지만 이 세상 너머의 또 다른 세상에 대한 동경과 갈망을 만족시켜주었어. 이러한 동경의 감정은 독일어 'Sehnsucht'에 해당하는 것으로, 어떤 면에서는 우리가 '향수'라 일컫는 감정과도 비슷하지만, 향수보다는 훨씬 폭넓고 깊은 감정이라네. 사실 이것은 어떤 초월적인 것, 신이라든가 천국, 혹은 애초에 우리가 그 안에서 살도록 의도되었던 우리의 본향 같은 것에 대한 동경 내지 갈망이지. 그러나 대부분의 사람들은 이것을 깨닫지 못해."

잭은 갑자기 말을 멈추고 심호흡을 했다. 그는 천천히 저택 주변을 걷기 시작했다. 그를 따라 걷는 나의 분홍색 슬리퍼가 푸른 잔디와 대비되어 볼썽사나웠다.

"아직 어렸을 때 이…… 갈망을 느꼈다고요?"

"그렇다네. 아마 많은 어린이들이 그럴 거야. 비록 자라서 그런 감정이 그들에게 진정 어떤 의미를 띠며 인류에게 어떤 의미를 갖는지 생각해보기보다는 그냥 잊어버리거나 향수와 연관 짓곤 하지만 말일세."

"그렇지만 저로서는 이런 동경 내지 갈망이 어떻게 신이나 천국의 존재를 말해준다는 건지 이해가 안 가는군요. 그러기에는 조금 무리가 있는 것 같습니다만."

"간단히 말해서 우리가 이 세상에 존재하지 않는 무언가를 갈망한다면 필연적으로 우리는 다른 세상, 혹은 다른 어떤 곳에 속해 있는 걸세."

"그게 어떻게 신의 존재를 입증하는지, 저는 아직도 이해가 안 가는데요. 그리고 그건 필연적이라고 할 수도 없고 말이죠. 갈망은 많은 것을 의미할 수 있어요."

"자네는 이따금 배가 고플 때가 있지?"

"네, 누구나 그렇죠. 그건 생리적인 현상이에요."

"배가 고프면 자네는 음식을 먹을 테지? 먹을 음식이 있으니까 말일세."

"당연하죠."

"그렇다면 말일세, 만약 자네가 이 세상의 그 무엇으로도 채울 수 없는 정신적 허기를 느낀다면, 이는 우리가 다른 세상, 즉 우리의 동경과 갈망을 만족시켜줄 또 다른 세상에 속해 있음을 말해주는 게 아니겠나? 우리는 신적인 세상, 기쁨이 가득한 세상에 속한 사람들인 거야. 아우구스티누스와 파스칼이 그 비슷한 말을 했지. 그들은 몇 마디 안 되는 말로도 이런 동경의 본질을 이해하고 여기에 대해 이야기할 수 있었어."

"그들이 뭐라고 했는지 좀더 듣고 싶군요."

"나중에 말해줌세. 그들은 인간 존재의 연약함을 깊이 이해한 사람들이었네. 우리는 마음속의 공허를 신을 제외한 다른 모든 것으로 채우려 들지. 어린아이들의 동경조차도 이런 위대한 진실을 가리키고 있네. 어느 날 내가 형이 만든 장난감 정원을 보고 기쁨에 휩싸인 것도 아마 그래서일 거야. 비록 조악하고 엉성하긴 했지만 그 장난감 정원은 내 마음속을 보다 크고 위대한 것들에 대한 갈망으로 휘저어 놓았다네."

잭의 말은 내게 많은 생각을 하게 했지만, 그럼에도 나는 그의 말을 받아들일 수가 없었다. 동경의 대상은 여러 가지일 수 있지 않을까? 그 대상이 꼭 신이어야 하는 건 아니지 않을까? 누군가가 보다 나은 무언가를 희구한다고 해서 반드시 신이 존재한다고 말할 수는 없지 않을까?

"내 말을 믿지 못하는군." 잭이 말했다. 아마도 내 얼굴 표정을 읽은 듯했다. "뭐, 상관없네. 나중에 다시 이야기할 기회가 있겠지. 내가 살아온 모습을 조금 더 보고 나면 내가 한 말을 더 잘 이해하게 될 걸세. 그건 천국과 영혼의 불멸성과도 관계가 있다네."

그러나 내가 뭐라고 대답하기도 전에 집 안에서 여자의 목소리가 들려왔다.

"앨버트, 여보, 아이들이 일부러 당신을 함정에 빠뜨렸다고 생각하는 건 불합리해요."

그 말과 더불어 개 짖는 소리가 들렸다.

"저 개좀 밖으로 내보내요!" 앨버트가 말했다. 곧이어 현관문이 열리더니 네로가 달려 나왔는데, 다행히도 우리 쪽으로 오지는 않았다. 여자가 잠깐 바깥으로 나왔다. 올린 머리에 긴 소매의 흰색 블라우스와 짙은 색의 긴 스커트를 입고, 목에는 짙은 색의 커다란 리본을 단 모습이었다. 그녀는 정원 쪽으로 달려가는 개를 잠시 지켜본 후 다시 집 안으로 들어갔다. 얼굴은 평범했지만 친절해 보였고, 나이는 40대 중반이나 그 밑으로 보였다.

"우리 어머니, 플로라일세." 잭이 말했다. "어머니는 이성적인 분이었지. 논리학과 수학을 전공했으니 당연한 일이지만 말이야. 우리는 대체로 좋은 부모님 밑에서 별다른 불편 없이 자랐네. 우리에겐 멋진 집과 맛있는 음식, 그리고 커다란 구덩이에도 불구하고……" 잭은 정원의 구멍을 가리켰다. "환상적인 정원이 있었지."

"행복한 유년시절을 보내신 것 같군요."

"그렇다네. 하지만 세상만사가 그렇듯 그런 날들이 영원히 계속되지는 않았어. 내가 아홉 살 때 어머니가 중병에 걸리셨지. 때로는 한밤중에도 의사와 간호사들이 드나들었네. 어느 날 저녁, 나는 치통이 심해서 밤늦게 어머니를 보러 갔는데, 만날 수 없었어."

"무슨 병이었는데요?"

"암이었다네."

나는 내 건강 상태를 생각하며 침을 꿀꺽 삼켰다. 의사들은 낙관적이었지만, 나는 금세라도 병세가 악화될 수 있음을 알고 있었다.

"1908년 2월, 어머니는 집에서 수술을 받았네. 일시적으로 차도가 보이는 듯했지만 그해 8월……" 잭은 말을 멈추고 고개를 돌렸다.

"회복하지 못하셨군요?" 내가 조용히 물었다.

"그렇다네. 어머니는 아버지 생신인 8월 23일에 돌아가셨네. 어머니의 죽음과 함께 세상은 그 본래의 색깔로 돌아갔지…… 집은 카드로 만든 집처럼 와르르 무너지고. 오, 어머니가 회복되기를, 나사로처럼 죽은 자 가운데서 다시 살아나 내 사랑하는…… 그리고 살아 있는 어머니로 돌아와 주기를 얼마나 간절히 기도했는지 모른다네. 어머니의 죽음에 워니와 나는 당연히 충격을 받았지만, 아버지는 완전히 넋이 나간 듯 망연자실했지. 내 생각에 아버지는 어머니의 죽음을 받아들일 준비가 안 돼 있었던 것 같아. 어머니가 돌아가시고 난 몇 주 후에 아버지는 우리를 기숙학교로 보냈네."

"잭, 정말 유감이군요. 하지만 왜 이런 이야기를 하는 거죠?"

"왜냐하면 톰, 자네가 알아주기를 바라기 때문이야. 나도 슬픔과 고통을 안다는 걸. 나는 사랑하는 사람을 잃는다는 게 어떤 건지 알아."

나는 살짝 얼굴을 찌푸렸다. 잭이 대체 무슨 소리를 하려는 걸까? 그가 나에 대해 뭘 알고 있는 거지?

잭이 말을 이었다. "때때로 이 세상이 얼마나 잔인하게 느껴지는지도 아네. 이 세상에 존재하는 악이 나를 무신론으로 내몰았지. 하나님이 계시다면 어떻게 이런 일을 보고도 못 본 체 하실 수 있단 말인가?"

이제 잭이 내 생각을 대변해주고 있었다. 그의 말이 옳다. 기독교인들의 말처럼 사랑의 하나님이 존재한다면, 그리고 그 하나님이 전능하다면 이 세상에 왜 그렇게 많은 악이 존재하는 것일까?

"그건 신의 존재를 부정할 때 흔히 거론되는 고전적인 논거지요. 그것도 아주 훌륭한……" 내가 말했다.

"그렇다네. 자네 말대로 이건 고전적인 논거지. 인류의 기원만큼이나 오래된…… 그러나 실은 아주 공허한 논거라네."

"무슨 말씀이세요?"

"자, 여기에 대해서는 나중에 다시 이야기하기로 하세. 나는 우선 생각만 해도 끔찍한 기숙학교 시절을 건너뛰고 보다 유쾌하고 보람찬 배움의 시간으로 돌아가 보고 싶다네."

잭은 고향집 옆을 걷기 시작했고, 나는 그 뒤를 따랐다. 모퉁이를 돌자 모든 게 바뀌었다. 리틀 리는 사라지고 없었고, 우리는 기차역에 서 있었다. 거대한 검은색 기관차와 그 뒤에 딸린 객차들이 어렴풋이 모습을 드러냈다.

"이제 기차를 타세나." 잭이 씩 웃으며 말했다. 기차에 오르니 그 안에는 우리밖에 없었다. 기차는 곧 출발했다.

#03 잭의 선생님과 무신론

잭의 은사인 윌리엄 커크패트릭을 만나 무신론과 교육에 관해 토론한다.
나는 괴상한 옷차림에도 불구하고 커크패트릭에게서 칭찬을 받는다.

이성으로 하나님을 증명할 수 있는가?

기차가 천천히 멈춰 섰다. "잭, 여기가 어디죠?" 기차 여행은 즐거웠다. 잭이 옥스퍼드 대학교 시절의 이야기와 잠시 대체강사로 철학을 가르칠 때의 이야기를 들려주었기 때문이다. 그러나 그는 우리가 어디로 가는지에 대해서는 이야기하지 않았다.

"부컴 역이라네." 잭이 창밖을 내다보며 말했다. 나도 바깥을 내다보았다. 우리는 오래된 기차역에 도착해 있었다.

"왜 기차를 탄 거죠?" 내가 물었다. "내 말은, 기차를 타지 않고도 저절로 이곳에 올 방법은 없었느냐는 뜻이에요."

"물론 그럴 수도 있었겠지. 하지만 그러면 무슨 재미가 있겠나? 자네 나라 사람들은 모든 걸 너무 빨리빨리 하려 들어. 하긴 우리 시대에도 사람들은 차를 타고 이동하는 시간을 아까워하곤 했지. 꽁지에 불이 붙은 듯 이곳에서 저곳으로 옮겨 다니며 여행의 즐거움을 만끽하지 못하다니, 이해할 수 없는 일이야. 내가 여유로운 기차여행을 즐기는 것도 그 때문이라네. 자네, 내가 이따금 기차표를 완행으로 끊는 걸 아나? 어쨌든 나는 늘 기차를 타고 여행하는 것을 좋아했다네. 때로는 나 혼자 한 량 전체를 독차지할 때도 있었지. 독서나 사색, 혹은 기도를 하기에 아주 좋은 시간이었어."

우리는 기차에서 내렸다. 잭이 역사 옆에 기대 세워져 있는 두 대의 자전거를 가리켰다. "저거면 충분할 걸세." 그는 자전거를 향해 다가가며 말했다.

"잭, 이런 옷차림으로 자전거를 탈 수는 없을 것 같은데요."

잭이 나를 힐끔 쳐다보았다. 내가 입고 있는 모피 코트와 그 밑으로 보이는 환자복에 웃음이 나는 모양이었다.

"옳은 말일세. 그럼 조금 걷는 게 좋겠군. 기회가 닿으면 좀더 편한 신발을 구하기로 하고." 그는 내가 신고 있는 분홍색 병원 슬리퍼를 내려다보며 말했다.

우리는 한적한 시골길을 걸었다. 새소리와 이따금씩 들려오는 시냇물 소리를 들으며 산책을 하는 것은 참으로 오랜만이었다. 삭막한 병실 안과는 너무도 다른 풍경이었다. 병실에서는 창밖을 내다보면 늘 겨울이었던 것이다. 우리는 잠시 말없이 걸었다. 이윽고 잭이 입을 열었다.

"나는 잠시 후에 우리가 만나게 될 사람에게 많은 것을 빚지고 있네. 그는 다른 누구보다도 더 내 지성을 예리하게 연마시켜준 사람일세. 그에게는 학생들을 그 각각의 특성에 맞게 가르치는 재능이 있었어. 오늘날의 교육현장에서는 보기 드문 일이네만."

"그게 무슨 말씀인가요?"

"자네는 교사 한 사람이 한 반에 30명도 더 되는 학생들에게 개인별 맞춤교육을 할 수 있다고 보나? 암기 위주의 지식이 지혜를 가져다줄까? 어떤 학생들은 늘 뒤처지는 반면 어떤 학생들은 지루해하기 일쑤일 걸세. 하지만 우리 시대에는……" 그는 잠시 걸음을 멈추고 주변을 가리켰다. "우리 시대의 이곳에는 뭔가 특별한 게 있었다네. 그러나 앞으로 만나게 될 사람에 대해 함부로 이야기하지 않는 편이 좋을 것 같군."

잠시 후 우리는 어떤 오래된 집 앞에 도착했다. 노인 한 사람이 정원에서 바닥에 무릎을 꿇고 흙일을 하고 있었다.

"여기가 어디죠?" 내가 물었다.

"게스턴즈. 내 은사인 윌리엄 커크패트릭이 그렇게 불렀지. 그는 별명이 '격파왕(Great Knock)'이었다네. 여기는 그의 집일세."

"당신 은사라고요?"

"그렇다네. 격파왕은 논쟁에서 상대를 격파시키는 데 선수였어. 나는 1914년부터 1917년까지 그에게서 배웠지. 그는 고교 교장을 지낸 분으로, 무신론자인데다 대단히 논리적인 사람이었어."

"잘 됐네요. 그가 좋아질 것 같아요."

"글쎄, 두고 보면 알겠지."

나는 잭의 말투에서 그가 재미있어한다는 것을 알 수 있었다. 우리는 커크패트릭에게 다가갔다.

"좋은 아침입니다." 내가 말했다. 대화에서 주도권을 쥘 속셈이었다.

커크패트릭이 내게 날카로운 시선을 던졌다. 그는 여전히 무릎을 꿇은 상태였다. 그의 벗어진 머리가 햇빛에 반짝거렸다. 그는 머리칼보다 수염이 더 많았으며, 콧수염으로 연결된 흰 구레나룻이 무성했다. 나중에 잭은 내게 그 당시에는 그런 수염이 유행이었다고 말해주었다.

"잠깐!" 노인의 고함치는 듯한 소리에 나는 깜짝 놀랐다. "좋다고?"

"자네는 나의 엄격한 가르침에도 불구하고
잉글랜드로 건너가 기독교인이 되었다고 들었네만?"
"네, 저로서는 그게 가장 논리적인 선택이었어요."
"우리는 논리를 통해 의미 있는 대화를 나눌 뿐만 아니라
이른바 실재를 발견하기도 하지."

그는 일어서며 말했다. 쉰 듯하면서도 힘이 넘치는 목소리였다. 그는 키가 크고 건장했지만, 잭처럼 어딘가 추레해 보이는 옷차림을 하고 있었다.

"무슨 뜻에서 '좋다' 고 한 겐가? 오늘 아침이 특별히 좋은 이유라도 있나? 자네, 전에도 서리에 와본 적 있나?"

나는 고개를 저었다.

"그럴 줄 알았네." 그는 혼잣말로 "미국인들이라니" 하고 중얼거린 듯했지만 확실치는 않았다. "이곳이나 다른 곳의 아침을 '좋은' 아침으로 만들어주는 게 뭔지 어떻게 알지?"

"제 말씀은 그저…… 대화를 나누기에 좋은 아침이라는 뜻입니다."

"아," 그가 한숨을 내쉬었다. "대화라, 나는 의미 있는 주제나 논리가 뒷받침되지 않는 한 대화의 필요성을 못 느낀다네." 그는 다시 무릎을 꿇고 모래밭의 어린아이처럼 손으로 열심히 땅을 파기 시작했다. 잠시 후 그는 잭을 보았다.

커크패트릭은 잭이 거기 있는 것을 처음 알아차린 듯 깜짝 놀랐다. "아니, 이게 누구야, 잭 아니야? 여긴 어쩐 일인가? 옥스퍼드에 있는 줄 알았는데? 이렇게 나를 보러 올 거라면 미리 연락을 하지 않고?"

"죄송해요, 선생님." 잭은 미소 띤 얼굴로 커크패트릭의 흙 묻은 손을 쥐고 흔들었다.

"어쨌든 다시 보게 되어 반갑네. 그런데 지난번에 만났을 때보다 얼굴이 더 안돼 보이는군. 건강은 괜찮은가? 이런, 정말 오랜만일세!" 커크패트릭은 다시 몸을 일으켰다. 힘이 넘치고 키가 큰 그를 우리는 올려다보아야 했다. "어디 좀 보세…… 우리가 처음 만났을 때 자네는 아마 열여섯 살이었지?"

"그쯤 됐을 거예요." 잭이 흙 묻은 손을 바지에 문지르며 대답했다.

"그 후로 자네는 나의 엄격한 가르침에도 불구하고" 커크패트릭은 눈살을 찌푸리며 말했다. "잉글랜드로 건너가서 기독교인이 되었다고 들었네만?"

"네, 저로서는 그게 가장 논리적인 선택이었어요." 잭이 대답했다.

커크패트릭은 여전히 인상을 쓴 채 아무 말도 하지 않았다.

"이 사람은 누군가?" 그가 나를 가리키며 물었다. "어쨌든 지금이 '좋은' 아침이라고 생각하는 모양인데."

"클러크입니다. 토머스 클러크. 클러크, 이 분은 윌리엄 커크패트릭 선생님일세."

"그런데 클러크 군," 커크패트릭은 내게 악수를 청하며 말했다. "따스한 봄날에 웬 모피 코트인가?" 나는 코트에 대해 까맣게 잊고 있다가 그의 말에 다시금 내 옷차림을 의식하게 되었다. 스스로가 바보처럼 느껴졌을 뿐만 아니라 얼굴까지 화끈거렸다.

"설명하자면 조금 복잡합니다." 민망해진 나는 코트를 벗어서 땅에 내려놓았다. 커크패트릭은 내 환자복과 흙투성이가 된 분홍색 슬리퍼를 힐끗 쳐다보았지만, 아무 말도 하지 않았다.

"그런데 여기는 웬일들인가?"

"선생님과 토론을 했으면 해서요." 잭이 말했다. "교육이나 논리학, 무신론 같은 것들에 대해."

"그렇다면 기꺼이 응해줌세. 진지한 주제야말로 대화할 가치가 있지." 커크패트릭은 바지에 손을 문질러 흙을 털어낸 후 팔짱을 끼었다. "그래, 무얼 알고 싶은 겐가?"

"교육에 대한 선생님의 생각이 어떤지 궁금합니다."

"교육 말인가? 그거야 학생들을 가르치는 일이지. 학생들이 각자의 재능을 발견하고 이를 최대한 꽃피울 수 있도록 돕는 거라네. 그리고 그들이 원하는 대학에 들어갈 수 있도록, 입학시험에 합격할 수 있도록 돕는 거지. 어쨌든 그게 학부모들이 수업료를 내고 내게 자녀들을 맡기는 이유가 아니겠나. 그런 점에서 워런과 자네는 성공적인 케이스였지. 누구나 위대한 사상가가 될 소질은 있지만 대부분의 사람들은 시간을 들여 소질을 개발하려 들지 않는다네. 그러나 자네는 잭, 이곳에서의 시간을 즐겁고 보람되게 생각했지."

"정말 그랬어요. 기숙학교에서의 악몽 같은 날들에 비하면" 잭이 웃으며 말했다. "여기에 오는 건 정말 기분 좋은 일이었죠."

잭의 붙임성 있는 태도가 나를 놀라게 했다. 아마도 나는 잭에게서 미간을 모으고 시험지를 채점하는 진지한 학자의 모습을 기대하고 있었던가 보다. 그러나 그의 상냥한 미소와 웃음은 책이나 사진에서 보는 것보다 그에 대해 더 많은 것을 말해주었다.

"이곳에서의 시간이 즐거웠다니 기쁘구먼. 자네 형 워런은 처음엔 이곳을 그리 좋아하지 않았지."

"선생님도 동의하시겠지만 기질이 다른 아이들에게는 교육 방법을 달리해야 하는 법이죠."

"때로는 그렇지. 그런데 자네가 여기서 무얼 배웠더라?"

"프랑스어와 그리스어, 라틴어를 배웠고, 이탈리아어와 독일어도 조금 배웠지요."

"맞아, 여러 가지 언어를 배웠지, 고전을 공부하는 데 매우 중요한…… 고전도 공부한 것으로 기억하네만."

"물론입니다. 호메로스를 공부했지요. 키케로는 너무 지루했고, 단테와 헤로도토스, 루크레티우스, 소포클레스, 타키투스, 베르길리우스와 기타 등등의 작품을 읽었죠."

기타 등등이라고? 잭이 방금 전에 읊은 리스트는 대부분의 공립학교 학생들을 (비록 아무리 똑똑한 학생들일지라도) 기가 질리게 할 만한 것이었다. 나는 그 중 몇 명, 키케로와 단테, 그리고 물론 소포클레스에 대해 들어보았지만 그들의 사상에 대해 설명하라고 하면 잘할 자신이 없었다. 그러나 잭은 필요한 경우 그들을 자유자재로 인용할 수 있을 것처럼 보였다.

"자네는 무지한 채로 있기보다는 새로운 것들을 접하고 싶어했지. 참으로 기특한 젊은이였어. 쇼펜하우어도 읽었던가?"

쇼펜하우어라면 나도 대학 시절에 이름을 들어본 적이 있다. 교수님들 중 한 분이 쇼펜하우어를 좋아해서 충족이유율이니 의지와 표상으로서의 세계니 고통으로서의 삶 같은 것들에 대해 이야기했는데, 내게는 불교를 떠올리게 할 뿐, 전혀 이해할 수 없는 내용들이었다.

"제 기억이 맞다면, 선생님, 저는 선생님이 좋아하는 아르투르 쇼펜하우어로부터 그릇되게도 이 우주가 우연의 소산이고 종교는 자연력을 이해하려는 무의미한 시도라고 배웠습니다."

"'그릇되게도'라니, 그게 무슨 말인가?"

"우주가 우연히 생겨난 게 아니고, 종교가 무의미하지도 않다는 뜻입니다."

"먼저 우주에 대한 이야기부터 해보게."

"만약 우주가 우연히 생겨났다면 인간도 우연히 생겨난 게 됩니다. 맞나요?"

"그렇지."

"만약 인간이 우연히 생겨났다면 인간의 이성도 우연히 생겨난 게 됩니다. 맞나요?"

"당연히 그렇겠지."

"그렇다면 인간의 이성을 믿을 이유가 뭐지요?"

커크패트릭은 잠시 말이 없었다. 나는 잭의 말에 살짝 혼란을 느꼈지만 커크패트릭은 조금도 동요하지 않는 눈치였다. 나는 무신론자이고 초자연적인 모든 것을 부정하기에 이 우주가 우연과 시간의 소산일 뿐이라고 여겨왔다. 생명체가 살아갈 수 있는 지구 환경과 인간 같은 생물체가 혼돈 속에서 우연히 생겨날 것 같지는 않지만, 그래도 우리가 여기 있는 걸 보면 확실히 그런 것 같기도 했다. 내 말은, 충분한 시간과 적절한 환경이 주어진다면 말이다. 그러나 인간의 이성이 우연의 소산일진대 이를 어떻게 믿을 수 있겠느냐는 잭의 말은 다소 충격적이었다. 그럼에도 불구하고 나는 여기에 맞설 무신론의 논거가 있으리라고 확신했다.

"우리는 이성의 기원 때문에 이성을 믿는 게 아닐세." 커크패트릭이 말했다. "이성이 작동한다는 것을 알기에 믿는 거지."

"잠깐!" 잭이 장난스럽게 옛 은사를 흉내 내며 한손을 들어올렸다. "대화를 계속하기에 앞서 이성이 우연의 소산일진대 이를 어떻게 믿을 수 있느냐는 문제부터 해결해야 할 것 같은데요. 선생님이 믿는 무신론에 의하면 선생님의 정신을 비롯한 모든 것이 우연의 소산입니다. 그런데 어떻게 논리를 중시할 수 있겠어요? 논리의 기원은 우연과 시간인데요."

"자네는 나를 혼란에 빠뜨리려 하는군." 커크패트릭이 말했다.

"이미 혼란에 빠뜨린걸요." 잭이 미소를 지었다. "그리고 '혼란스럽다'는 말은 생각을 명료하게 하지 못한다는 뜻이지요. 우연에 근거한 이성은 명료한 사고가 불가능합니다. 따라서 이성을 믿을 이유가 없는 거죠. 제 말은 우리가 이성이 존재한다는 사실은 알지만, 이성의 기원을 설명해주는 건 무신론이 아니라 유신론이라는 겁니다."

"그래, 듣고 있네." 커크패트릭이 말했다.

"그건" 하고 잭이 내 쪽을 돌아보며 말했다. "선생님이 상대방의 주장에 완전히 굴복하지는 않으면서도 상대측 논거의 장점을 인정할 때 쓰는 표현이라네."

"그럼 이제 두 번째 항목으로 넘어가보세. 종교가 왜 무의미한 시도가 아니라는 거지? 종교란 두려움에 휩싸인 인간이 자연력을 이해하려는 원시적인 시도일 뿐이야. 안 그런가?" 커크패트릭이 말했다.

"《황금가지The Golden Bough》에서……" 잭이 말을 시작했다.

"뭐라고요?" 내가 물었다.

"《황금가지》라고 했네." 잭이 되풀이했다. "제임스 조지 프레이저가 1890년에서 1915년 사이에 출판한 저서지. 내 기억이 정확하다면 말일세."

커크패트릭이 고개를 끄덕였다.

"이 종교와 신화에 관한 비교연구에서" 하고 잭이 덧붙였다. "프레이저는 어떤 종교도 진리가 아니라고 말했지요. 각각의 문화에는 그 문화에 고유한 전설과 신화가 있지만, 그 기저에는 기독교에서 보는 것과 비슷한 신화와 전설이 있다는 겁니다. 예컨대 신의 죽음과 부활 같은."

"옳은 말일세." 커크패트릭이 말했다.

"이런 식으로 프레이저는 기독교가 다른 원시 종교들과 다를 바 없음을 암시했어요. 이적은 모든 종교의 토대이고, 모든 종교는 이적에서부터 출발하여 발전해왔지요."

"그러니까 프레이저는 기독교가 특별한 종교가 아님을 시사함으로써 기독교의 기반을 뒤흔들어놓은 거로군요." 내가 말했다.

"어떤 면에서는 그렇다고 할 수 있지." 잭이 말했다.

"그러므로 종교는 사실상 무가치한 거야." 커크패트릭이 말했다.

"그건 보는 관점에 따라 다르지요. 나중에 알려진 바에 의하면 프레이저는 그가 연구·조사한 것들로부터 이론을 이끌어냈다기보다는 엄청난 양의 독서를 통해 형성된 이론들을 그의 연구에 접목시켰다고 하니까요." 잭이 말했다.

"정말인가?" 커크패트릭이 말했다.

"잠깐만요, 선생님," 잭이 말했다. "저는 이 '독서를 통해 형성된 이론들'에는 별로 관심이 없습니다. 다만 논의를 위해 프레이저가 모든 종교에는 '신의 죽음과 부활' 같은 놀라운 유사성이 있다고 지적한 부분은 옳았다고 해두죠."

"옳은 지적이었고말고." 커크패트릭이 말했다.

"그러나 그런 사실이 기독교 신앙을 저해할까요?" 잭이 말을 받았다. "그렇지 않습니다. 제 생각에는 하나님이 여러 신화와 전설을 통해 기독교(하나님이 그리스도 예수의 몸으로 죽으시고 부활하신 종교)의 '참된 신화'를 예비하셨을 수도 있을 것 같아요. 다만 예수의 부활은 역사 속에서 실제로 일어났던 일이고, 죽음과 부활이 주기적으로 반복되는 이교 신화들보다 훨씬 더 풍요롭지요. 그리스도는 다산과 풍년을 기원하는 제의에서처럼 여러 번 반복해서 죽지 않아요. 그 분은 우리 영혼의 유익을 위해 죽으시고 단 한 번 부활하셨습니다."

"듣고 있네." 커크패트릭이 부드러운 목소리로 말했다. "하지만 자네는 대부분의 종교가 자연에 대한 두려움 내지 오해에서 비롯되었다고는 생각지 않나? 원시인들은 과학적인 지식이 없었을 테니까 말이야."

"물론 많은 사람들이(원시인이든 아니든) 두려움이나 오해에서 비롯된 신앙을 가지고 있지요. 하지만 그렇다고 해서 하나님의 실재에 다가갈 수 없는 건 아닙니다. 그리고 방금 전에 선생님이 암시하신 '원시인 대 과학적 지식을 지닌 인간'에 관해서는, 비록 과학이 우주에 대한 모든 질문(우주의 기원과 우주의 진화 및 기타 등등에 관한)에 대답할 수 있다 해도 그러한 대답이 우리를 철학적 진실에 한 발짝도 더 다가가게 해주지 않는다는 데에 선생님도 동의하실 겁니다. 과학은 왜 이 우주가 존재하며 모든 것이 어디로부터 왔는지, 우리가 왜 존재하는지를 아직 설명하지 못합니다. 과학이 할 수 있는 일과 할 수 없는 일을 혼동해서는 안 될 것입니다. 과학이 뭔가를 발견하든 발견하지 못하든 간에 이 위대한 철학적 질문들은 미해결 상태로 남습니다."

흥미로운 지적이었다. 나는 잭이 말한 것과 같은 내용을 생각해본 적이 없었다. 만약 과학이 모든 것을, 예컨대 우리 존재의 근원이나 지성을 갖춘 생명체의 진화 등을 설명할 수 있다면, 그래도 잭이 말하는 '위대한 철학적 질문들'은 미해결 상태로 남을까? 설령 그렇다 하더라도 그것이 곧 신이 존재한다는 의미는 아니지 않을까? 나는 여기에 대해 좀더 생각해보고 싶었지만 커크패트릭의 말이 내 생각의 흐름을 끊어놓았다.

"아까 자네는 루크레티우스를 읽었다고 했는데?"

"그렇습니다."

"신의 존재를 부인하는 그의 논거가 뭐였지?"

"루크레티우스는 말하기를, 만약 신이 세상을 창조했다면……" 잭은 머릿속에 들어 있는 루크레티우스의 말을 인용하는 듯했다. "……세상이 우리가 보는 것처럼 그렇게 허약하고 불완전할 리가 없다고 말했습니다. 그런데 그건 왜 물으시죠?"

"여기에 대한 자네 생각은 어떤가?" 커크패트릭이 물었다.

"세상은 타락했습니다. 모든 게 불완전해진 거죠. 루크레티우스는 사물이 애초에 신이 의도하신 대로, 혹은 이제까지 존재해온 방식대로 존재하리라는 전제에서 출발했지만, 그건 전제 자체가 잘못된 것입니다. 사도 바울이 로마서에서 말했듯 '피조물이 다 이제까지 함께 탄식하며 함께 고통을 겪고 있는 것을 우리가 아니' 까요.(로마서 8장 22절-역주) 세상이 타락했음에도 불구하고 저는 사도 바울의 말처럼 이 세상에는 하나님의 존재를 드러내 보일 증거가 충분하다고 생각합니다. 사도 바울은 '창세로부터 그의 보이지 아니하는 것들 곧 그의 영원하신 능력과 신성이 그가 만드신 만물에 분명히 보여 알려졌나니' (로마서 1장 20절-역주)라고 말했지요. 루크레티우스가 '허약하고 불완전한' 세상을 본 데서 저는 성경적 진리에 일치하는 세상, 즉 과거의 영광을 간직한 채 신음하는, 그리고 우리 모두가 그렇듯 근본적으로 구원받아야 할 세상을 봅니다."

나는 어느 정도까지는 잭의 생각을 이해할 수 있었다. 그러나 아직은 무신론적 관점에 더 마음이 쏠렸다. 대체 신이 존재하는데 세상이 타락한다는 게 있을 법이나 한 일인가? 전능한 신이 악이 없는 세상이나 악의 구렁텅이에 빠질 염려가 없는 세상을 창조할 수 없단 말인가? 그러나 내가 이런 질문들을 하기에 앞서 커크패트릭이 먼저 입을 열었다.

"그렇다면 우리의 토론은 막다른 길에 이른 것 같군. 나는 자네의 결론에 동의하지 않네, 잭."

"그럼 화제를 바꿔 논리에 대해 이야기해볼까요?" 잭이 물었다.

"그렇지만 지금까지의 대화 속에 이미 논리가 사용되었는걸." 커크패트릭이 능글맞게 웃었다.

"옳으신 말씀입니다. 하지만 논리라는 게 뭐죠?" 잭이 물었다.

"논리란 우리의 삶을, 적어도 이성적인 삶을 직조해내는 한 요소일세." 커크패트릭은 분명 이런 식의 대화를 반기는 투로 말했다. "우리는 논리를 통해 의미 있는 대화를 나눌 뿐만 아니라 이른바 실재를 발견하기도 하지."

"그러니까 선생님 의견으로는……"

내가 말을 하려고 하는데 커크패트릭이 오른손을 들어 나를 제지했다.

"잠깐만! 클러크 군, 나는 그 어떤 주제에 대해서건 아무런 의견이 없네. 나는 그냥 사실을 말할 뿐이야. 사실을 관찰하고 이를 논리적으로 해석하는 거지."

"그러니까 선생님의 의견, 아니 해석에 의하면" 나는 조심스럽게 말을 이어나갔다. "논리란 유의미한 대화와 추론 및 실재의 발견에 활용된다는 점에서 삶을 직조해내는 한 요소인 거군요."

"그렇지."

"그렇지만 그게 과연 '논리란 무엇인가?'라는 잭의 질문에 대한 진정한 답이 될 수 있을까요?"

"아, 직접적인 답이 될 수는 없겠지. 적어도 아직은 아니야. 자네는 가능성이 있는 젊은이로구만." 커크패트릭은 이렇게 말한 후 다음과 같이 덧붙였다. "비록 옷차림은 괴상하지만 말일세. 어떻게 생각하나, 잭?"

"논리 법칙은 금세 알아차릴 수 있습니다. 그것은 아리스토텔레스가 발견한 꽤나 명쾌한 원리에 의거, 우리가 실재에 대해 올바르게 생각할 수 있도록 도와주지요."

"잠깐!" 커크패트릭이 소리쳤다. "이 법칙들을 어떻게 금세 알아차릴 수 있다는 거지? 그리고 이 법칙들이라는 게 뭔가?"

"금세 알아차릴 수 있다는 말은 그 법칙들이 유의미한 대화나 추론 과정에 내재되어 있다는 뜻입니다." 잭이 전문가다운 태도를 취하며 말했다. "논리 법칙은 아리스토텔레스가 말했듯 어떤 무언가가 바로 그것이라는, 즉 'A는 A'라는 것을 알게 해줍니다. 논리 법칙의 또 다른 토대는 어떤 것이 'A인 동시에 A가 아닐 수는 없다'는 겁니다. 그리고 'A이거나 A가 아니거나'로 표현되는 경우도 있습니다. 예를 들어 신은 존재하거나 존재하지 않거나 둘 중 하나입니다. 마지막으로 진위의 요소를 덧붙일 수가 있겠지요. '신이 존재한다'는 진술은 '신이 존재하지 않는다'는 진술과 마찬가지로 참일 수도 있고 거짓일 수도 있습니다."

"듣고 있네." 커크패트릭이 말했다. "하지만 어떻게 하면 논리 법칙을 금방 알아차릴 수 있을까?"

"한 가지 방법은 유의미한 대화를 통한 것입니다." 잭이 조용히 대답했다. "의사소통을 하고 자신의 말을 상대방에게 이해시키는 데에는 논리가 개입됩니다. 제가 '선생님, 다이사 옆에 있는 라콜을 좀 집어주시겠어요?'라고 말했을 때 선생님이 제 말을 이해하지 못하는 한 논리적인 의사소통은 불가능합니다. 유의미한 의사소통은 논리를 전제로 하며, 의미를 이해하고 전달할 수 있는 개체의 존재를 전제로 합니다. 실재가 우연의 소산이라는 선생님의 말씀이 옳다면 논리 또한 혼돈 속에서 생겨난 우연의 소산입니다. 이성의 기원은 그 배후에 이를 설계한 지성을 상정하지 않고는 설명이 불가능합니다. '배후의 지성'이야말로 가장 훌륭한 설명이지요."

"잭, 당신은 한때 무신론자였다고 했지요? 맞나요?" 내가 이성적인 추론을 계속하는 그의 말을 못들은 체하고 물었다.

"그랬지. 자네가 잘 아는 대로일세."

"어떻게 해서 무신론자가 된 거죠?" 내가 물었다. 나는 잭이 신앙을 되찾게 된 과정이 궁금했다. 지성인인 잭이 신앙을 포기한 것은 이해할 수 있어도 되찾은 것은 이해하기 힘들었다. 커크패트릭과 잭은 사제지간이다. 그런데 커크패트릭은 무신론자로 남은 데 반해 그의 제자는 신앙을 회복했다. 내가 아는 한 두 사람은 똑같이 신의 존재를 놓고 씨름했지만 각자 도달한 결론은 상이했다. 무엇이 어떤 사람들에게는 신을 받아들이게 하고 어떤 사람들에게는 신을 거부하게, 심지어 부인하게까지 하는 걸까? 그리고 개인적으로 나는 내가 무신론자가 된 과정을 객관적으로 돌아볼 수 있을까? 만약 그럴 수 있다면 나는 무엇을 발견하게 될까? 나는 감정적인 이유 때문에 신을 거부한 후 나중에 그 이유를 찾아낸 것뿐일까, 아니면 그 밖의 무언가가 더 있을까?

"내가 어떻게 해서 무신론자가 되었느냐고?" 잭이 물었다. "세상의 많은 것들이 그렇듯 뚜렷한 한 가지 답은 없네. 내 경우에는 지적이고 감정적인 여러 가지 요소가 작용했지. 어머니의 죽음도 큰 영향을 미쳤고, 세상에 존재하는 악의 문제도 영향을 미쳤네. 또한 여기서 격파왕 밑에서 공부할 때에도" 루이스는 커크패트릭 쪽을 향해 고개를 끄덕여 보이며 말했다. "비록 드러나게 무신론적이지는 않았지만 무신론적 경향이 있는 사상을 접했고 말이야. 예를 들어 쇼펜하우어나 프레이저는 기독교 신앙을 공고히 하는 데에는 아무런 도움이 안 되었지. 윤리적으로 기독교를 받아들이기 힘들었던 측면도 있었고, 내 자만심도 한몫했네. 나는 무엇을 하고 무엇을 하지 말아야 하며 어떻게 살아야할지를 지시하는 신을 원치 않았어."

"공정하게 말하자면 내가 자네를 무신론으로 내몬 것은 아닐세." 커크패트릭이 말했다. "나는 '무신론' 이라는 말을 입에 올린 적도 없는걸."

"맞아요. 선생님의 임무는 제가 옥스퍼드에 들어갈 수 있도록 돕는 것이었고, 선생님은 그 일을 훌륭하게 완수하셨지요. 그 점에 대해 제가 얼마나 고마워하고 있는지 모르실 겁니다. 그건 그렇고 자네 질문에 대한 대답은 톰, 설명하기가 조금 복잡하다네. 무엇이 사람을 무신론자로 만드는 것일까? 여기 계시는 커크패트릭 선생님은 한때 장로교 신자였고, 이유는 잘 모르겠지만 지금도 일요일이면 평소보다 좋은 옷을 입으시지." 잠시 커크패트릭의 얼굴이 붉어지는 듯했다. 잭이 다시 말을 이었다. "나 역시 기독교 집안에서 자랐네. 무신론을 믿는 데에는 많은 이유가 있지만 유신론을 믿는 데에도 많은 이유가 있다네."

"그럼 어느 것을 믿을지 어떻게 알죠?" 내가 진지하게 물었다.

"그게 문제일세." 잭이 말했다. "우리는 찾고 또 찾아야 하네. 증거를 살펴보고 그 무게를 가늠해본 뒤 증거가 인도하는 대로 따라가야 해. 짐작컨대 최상의 증거는 우리를 하나님에게로 인도할 걸세. 기독교는 실재를 가장 잘 설명하고 있으니까 말이야. 이는 기독교가 흠이 없다는 뜻이 아니라 다른 신앙 체계에 비해 훨씬 나은 해답을 제공해 준다는 뜻일세."

이것으로 커크패트릭과의 대화는 끝이 났다. 잭과 커크패트릭은 미소 띤 얼굴로 악수를 나눴다. 의견 차이로 인한 적대감 따위는 없었다. 두 사람은 서로의 다름을 인정하고 친구로 남는 법을 터득한 듯했다. 우리는 그곳을 떠났다. 걸으면서 뒤를 돌아다보니 커크패트릭이 다시 무릎을 꿇고 일을 하고 있었다.

우리는 한동안 말없이 걸었다. 커크패트릭과의 대화는 내게 많은 것을 생각하게 했다. 그 때 낮게 울리는 '우르릉' 소리가 내 생각을 흩어놓았다.

"무슨 소리죠?" 나는 소리가 나는 쪽을 돌아보며 잭에게 물었다.

"잠깐만," 잭은 한 손을 들어올린 채 가만히 귀를 기울였다. 우르릉거리는 소리가 더 요란해졌다.

"프랑스에서 울리는 포성일세. 때때로 아주 조용한 날에는 부컴에서도 그 소리가 들린다네." 그러나 소리는 점점 더 커져서, 프랑스에서 들려오는 소리라고는 믿어지지 않을 정도였다. 마치 바로 위에서 들리는 듯했다.

그러더니 별안간 한밤중처럼 깜깜해졌다. 이제 우르릉거리는 소리는 들리지 않았지만, 폭발음이나 호루라기 소리, 대포 소리 따위가 요란했다.

잭의 얼굴이 하얗게 질렸다. "나는 이 소리가 뭔지 아네." 그는 주변의 폭발음 속에서도 내가 알아들을 수 있도록 큰 소리로 말했다. "우리는 지금 프랑스에 와 있네. 이곳에선 지금 모든 전쟁을 종식시킬 엄청난 전쟁이 몇 년째 계속되고 있어. 자네가 전쟁의 참상을 직접 목격하게 된 게 유감일세. 조심해야 하네."

 **전쟁의 참호 속에서**
1차 세계대전이 벌어진 프랑스의 참호 속에서
평화와 전쟁, 악의 문제를 토론한다.

하나님이 선하시다면
악은 왜 허용하는가?

"프랑스라고요?" 내가 물었다.

"그렇다네. 내가 잘못 생각한 게 아니라면 우리는 1차 세계대전의 최전선에 와 있네."

나는 주변을 둘러보았다. 우리는 기다란 참호 속에 들어와 있었는데, 참호의 양끝은 연기와 먼지에 파묻혀 잘 보이지 않았다. 나는 기침을 했다.

"견디기 힘들지? 그러나 많은 사람들이 견뎌냈다네. 물론 수십만 명이 죽어갔지. 내 친구 패디 무어를 포함해서." 그는 잠시 말을 멈췄다가 좀더 부드러운 목소리로 다시 말을 이었다. "그러나 많은 사람들이 살아남았네. 그리고 보니 자네는 참호 속에서 살아남을 만한 복장이 아니로군."

옳은 말이었다. 나는 키크패트릭의 집에 코트를 벗어두고 온 사실을 거의 잊고 있었다. 환자복은 차가운 밤공기를 견디기에는 너무 얇았고, 슬리퍼도 이런 열악한 환경에서 신고 다니기에는 매우 불편할 것 같았다. 잭이 한쪽 구석에 있는 자루 속을 뒤졌다.

"여기, 이 옷을 입게. 군모와 군화도 받고." 그는 조금 낡아 보이는 1차 대전 당시의 군복과 군모, 군화를 내게 건네주었다. 나는 환자복 위에 군복을 입은 후 미련 없이 분홍색 슬리퍼를 벗어던졌다.

"그러니까 지금이 전시란 말이죠?" 내가 군모를 쓰며 물었다. 침착하려고 무진 애를 썼음에도 목소리가 떨려 나왔다.

"무릇 전쟁이란 모두 다 끔찍하지만 이번 전쟁은 일반적인 전쟁이 아니라 참호전일세. 참호전에 대해 뭐 좀 아나?"

"아니요. 학창시절에 배운 것 이상으로는 모르는데요."

"어려울 것 없네. 참호전이란 전쟁 당사국의 군대가 몇 십 미터에서 몇 백 미터에 이르는 '무인지대'를 사이에 두고 참호 속에서 서로 대치하는 것을 말하지. 하지만 이는 참호전에서 실제로 일어나는 일을 지나치게 단순화한 것일지도 모르겠네."

"그게 무슨 말씀이죠?"

"글쎄, 예를 들어 참호전에서의 생활환경은 끔찍하기가 이루 말할 수 없지. 진창에 오물에 피에 기생충에 의한 질병 감염까지…… 이 모든 것을 비롯한 온갖 끔찍한 것들에 둘러싸여 살아가야 한다네. 평상시 같으면 별것 아니었을 부상도 참호 안에서는 감염이나 의약품 부족으로 인해 치명적인 결과를 야기할 수 있네. 부상자들 대부분은 적의 포화에 다친 사람들이야. 총알이 비 오듯이 쏟아지는 가운데 금속 파편이 몸 안에 들어와 박히는 거지. 나도 그런 경험이 있는데, 통증이 극심하더군. 정말일세, 톰. 결국 '무인지대'는 양쪽 군대의 시체들, 포탄에 짓이겨져서 식별이 불가능한 시체들로 가득 찬다네. 언젠가 나는 죽어가는 사람들을 절반쯤 짓뭉개진 채 움찔거리는 딱정벌레에 비유한 적이 있지. 때로는 양 진영에서 부상병들을 데려가기 위해 임시휴전을 하기도 한다네. 자네 나라의 셔먼 장군은 전쟁을 지옥에 견주었는데, 아주 적절한 비유였네."

"정말 끔찍한 이야기로군요. 전쟁터에는 얼마나 오래 나가계셨습니까?"

"참호 속에서 다섯 달을 보냈다네. 내가 바랐던 것보다 다섯 달이나 더 있었던 셈이지. 나는 열아홉 번째 생일인 1917년 11월 29일에 최전방에 투입되었네." 그는 진지한 표정으로 이렇게 말한 후 "나를 따라

오게." 하고 덧붙였다.

우리는 참호 속을 조심스럽게 걸었다. 가끔씩 잠들어 있는 병사들 위를 지나가야 할 때도 있었다. 적어도 내 생각에는 그들이 자고 있는 것 같았다. 가는 곳마다 오물이 가득하고 악취가 진동했다. 우리는 홀로 앉아 있는 한 젊은 병사로부터 3미터쯤 떨어진 곳에서 걸음을 멈췄다. 잠시 포격이 멎은 상태였기에 그 젊은이는 조용히 책을 읽고 있었다.

"저 사람이 누구죠?" 나는 이렇게 물으면서도 이미 그 답을 알 것 같았다. 젊은이의 체형이, 비록 훨씬 더 젊고 호리호리하고 근육량이 많긴 했지만 눈에 익었다.

"날세. 예전엔 좀더 날씬했지." 잭이 껄껄 웃었다. "머리숱도 더 많았고 말이야." 그는 양손을 들어 올려 머리 양옆의 머리칼을 조금 잡아당겼다가 아래로 쓸어내렸다.

"참호에서 독서를 하셨네요!"

"물론일세. 공부하기에 좋은 시간이 따로 있는 게 아니니까. 책이라도 좀 읽을라치면 늘 무슨 일이 일어나서 주의가 흐트러지기 마련 아닌가. 나는 보다 편리한 때를 기다려서 관심분야를 공부한다는 게 불가능함을 일찌감치 터득했네. 그래서 불편한 상황에서도 공부를 했지. 나는 전쟁의 한복판에 있었네. 호메로스가 묘사한 전쟁 장면이 눈앞에서 춤을 추었, 아니 마구 흔들렸다네. 간담이 서늘하면서도 환희에 벅차오르고 끔찍하면서도 매혹적인, 세상의 끝인 동시에 새로운 세상의 시작인 전쟁…… 모든 전쟁을 종식시키기 위한 전쟁, 이라고 우리는 생각했네. 그러나 전쟁의 소용돌이 속에서도 삶은 계속되네. 사람은 먹고 자고 때로는 독서를 해야 하네."

우리의 존재를 의식하지 못한 듯이 보이는 그 젊은이는 과연 독서에 몰두해 있었다. 지저분한 군복에도 불구하고 그는 소년 같았다. 열아홉 살이면 법적으로 성인이지만 얼굴은 앳된 소년의 얼굴이었다. 전쟁터에 나가 싸우고 진창을 뒹굴면서도 조용히 책을 읽는 소년의 얼굴.

"이 때는 아직 기독교인이 아니었나요?"

"그렇다네."

"참호 속에서는 무신론자가 없다고 들었는데요?"

"나는 결코 기도하지 않았네. 내 자존심이 허락하지 않았지."

"전쟁터에는 어떻게 나가시게 된 거예요? 징집되었나요?"

"아닐세. 나는 자발적으로 참여했네. 사실 나는 아일랜드 출신이기 때문에 전쟁에 나가지 않아도 됐지만, 나 스스로 이를 의무로 여겼네.

어떤 신념에 의해서라기보다는 단순히 조국인 영국을 위해서. 어떤 사람이 무신론자라는 이유만으로 그에게 윤리도 없고 애국심이나 용기도 없다고 생각하는 것은 잘못일세. 불행히도 많은 기독교인이 그런 실수를 범하지."

"맞아요. 하지만 당신은 전쟁 상황에 어떻게 대처하셨나요?"

"아, 사람이 어떻게 전쟁에 '대처' 할 수 있겠나? 그건 대처의 문제가 아니라 하루하루를 살아가는 생존의 문제일세. 대처하는 게 아니라 견뎌내는 거지. 우리에겐 책이 있고 동지가 있었네. 무엇보다 끔찍한 것은 다음엔 누구 차례인지 모른다는 거였어. 다음 순간 내 옆사람이 총을 맞고 즉사하거나 회복이 불가능할 정도로 심한 부상을 입을 수도 있었으니까. 그렇지만 내가 처음 책을 쓰기 시작한 것도 참호 안에서였다네. 내가 위대한 시인이 되고 싶어했던 것, 자네 알고 있나?"

나는 고개를 저었다.

"그랬다네. 내가 《구속된 영혼 Spirits in Bondage》을 쓰기 시작한 게 여기서였어. 《구속된 영혼》은 전쟁 후인 1919년에 출판된, 내 첫 번째 책이었지."

"전쟁……, 전쟁이 당신의 무신론을 정당화하는 데 도움이 되었나요?"

"만약 당신 말씀대로 신이 전능하고 사랑이 넘친다면
그는 왜 이런 재앙과 고통이 없는 세상을 만들어 내지 못하는 걸까요?"

"물론일세. 나는 시체와 부상병이 즐비한, 악취 나는 참호 속에 있었네. 쥐와 이가 들끓고 전염병이 창궐하고 포탄세례가 이어졌지. 만약 신이 있다고 해도 내겐 신처럼 느껴지지 않았을 걸세. 내 말은, 정의롭고 선한 신이 존재한다면 왜 이런 끔찍한 일을 그냥 내버려 두었겠느냐 하는 것이지." 잭은 우리 주변을 가리켰다. "그 당시에 나는 이렇게 거대한 악과 엄청난 고통이 신의 존재를, 적어도 기독교인들이 믿는 신의 존재를 강력하게 부인한다고 믿었네. 물론 그러한 믿음을 자세히 들여다보았더라면 그런 전쟁을 일으킨 이가 인간임을 깨달았을 테지만 말일세. 우리는 각자의 윤리관에 따라 선택을 하지만 때로는 그 선택이 잘못된 것일 수가 있네."

나는 이 주제에 대해 좀더 이야기해보고 싶은 충동을 느꼈다. "그렇다면 왜 생각이 바뀐 거지요?"

"신과 악에 대한 생각 말인가? 우리는 '악의 문제'로 알려진 것들을 세분해서 다룰 필요가 있네. 첫째, '문제'가 뭔지를 명확히 해야 하고 둘째, 악의 문제란 단계별로 접근할 때 가장 효과적이라는 것을 알아야 하네. 이 중요한 이슈를 멀리서 철학적인 용어로 토론하는 것('악의 문제'의 지적인 측면이라고 할 만한 것이네만)과 강렬한 고통의 감정을 직접 체험하는 것은 별개일세. 지금 단계에서는 '악의 문제'의 지적인 측면을 살펴보는 게 좋겠네. 하지만 그러기에 앞서 톰, 자네는 무엇이 '악의 문제'라고 보나?"

나는 잠깐 생각했다. 커크패트릭과의 토론이 있은 이후로 나는 생각을 보다 신중하고 명확하게 표현하려고 애쓰게 되었다. 어쨌든 루이스는 논리학의 대가에게서 배운 사람이 아닌가.

"글쎄요, 당신이 이미 기본적인 문제에 대해 언급하신 것 같은데요. 고통과 악의 존재를 선한 신의 존재와 조화시키는 데에는 많은 어려움이 따를 것 같습니다. 만약 신이 기독교에서 말하는 것처럼 사랑이 충만하고 전능하다면 그는 왜 전쟁이나 질병, 기근, 자연재해 따위가 계속해서 일어나도록 내버려둘까요? 그런 것들이 없는 세계가 더 나은 세계 아닐까요? 내 말은," 나는 지나온 세월이 생각나 거의 화난 목소리로 말했다. "만약 당신 말씀대로 신이 전능하고 사랑이 넘친다면 그는 왜 이런 재앙과 고통이 없는 세상을 만들어내지 못하는 걸까요?"

"몇 가지 가능성을 생각해보세." 잭이 침착한 어조로 말했다. "그리고 지금 단계에서는 감정에 치우치기 쉽지만 나는 여기서 '악의 문제'의 지적인 측면을 다루고자 한다는 것을 기억해주게. 악을 다룸에 있어서 감정의 중요성을 과소평가할 생각은 없네만, 앞에서도 말했듯

이 문제는 단계별로 다루는 게 가장 효과적일세. 물론 내가 제시하는 해답과 관련하여 이러한 질문들과 대안들을 최초로 생각해낸 이가 나라고 말하지는 않겠네. 이러한 생각은 그 기원이 구약의 욥기나 에피쿠로스, 보이티우스 등에게까지 거슬러 올라가는 것으로, 후대에 흄이나 러셀 같은 이들이 '세련화' 시킨 것뿐일세. 어찌 되었든 에피쿠로스는 신과 악의 존재와 관련한 몇 가지 가능성을 간결하게 제시하고 있네."

"어떻게요?" 나는 흥미를 느끼며 물었다.

"그는 먼저 신이 존재한다고 가정해보자고 제안하지. 그러나 우리가 이미 동의한 대로 악도 역시 존재하네. 신이 존재하고 그가 악을 없애려 한다고 해보세. 만약 신이 악을 없애지 못한다면 어떨까? 혹은 보다 꺼림칙한 생각이네만 신이 악을 없앨 수 있으면서도 없애려 하지 않는다면? 또한 신이 악을 없앨 의지도, 능력도 없다는 가정도 있을 수 있겠지. 기독교인들은 신이 악을 없앨 의지와 능력이 있다고 말하지만, 그럼에도 악은 여전히 존재하네."

"맞아요. 보다 나은 가정은 신이 존재하지 않는다는 것일 거예요."

"잠깐만, 톰, 자네는 너무 앞서 나아가고 있어."

멀리서 포탄 몇 개가 떨어져 내렸다. 잭은 잠시 소리가 멎기를 기다렸다가 다시 말을 이었다.

"에피쿠로스의 논의를 좀더 들어보게. 만약 신이 악을 없애려는 의지는 있지만 없앨 능력이 없다면 그의 무력함은 신의 속성에 부합되지 않네. 만약 악을 없앨 능력은 있지만 의지는 없다면 그는 시샘이 많은 게 되므로 역시 신의 속성에 부합하지 않네. 만약 악을 없앨 능력도 없고 의지도 없다면 그는 무력하고 시샘도 많은 게 되므로 신이라 할 수 없네. 만약 능력도 있고 의지도 있다면(이런 경우야말로 신의 속성에 부합하네만), 그렇다면 악은 어디에서 유래했을까? 그리고 신은 왜 악을 없애지 않을까?"

"신은 세상과 유리되어 있는 것 같군요, 만약 신이 존재한다면 말이죠."

"이런 식의 추론은 신을 곤경에 빠뜨릴 걸세. 자신이 창조한 세상을 통제하지 못하고 사실상 그 안에 악이 존재하게 내버려두는 무력한 신은, 적어도 기독교적인 의미에 있어서 숭배의 대상이 될 수 없네. 악을 없앨 능력은 있지만 의지는 없는 신은 이신론의 신처럼 멀리 있는 낯설고 소외된 존재일세. 이런 신은 이 우주라는 시계 장치의 태엽을 감아두고 자신은 휴가를 떠나버리는 신이지. 아니면 신은 악한 존재일까? 그것도 아니면 이원론에서 보듯 두 신이 서로 우주적인 싸움을 벌이고 있는 것일까? 그러나 이원론에도 문제는 있네. 예컨대 만약 한 신은 '선' 하고 다른 신은 '악' 하다고 할 때 이러한 판단의 기준은 어디서 오는가 말일세. 이런 경우 서로 싸우는 두 신보다 더 위대한 또 다른 신의 존재를 상정해야 할 거야. 아퀴나스가 아리스토텔레스의 이론을 보다 정교하게 다듬어서 부동의 동인이라 일컬은 존재와 비슷한 신 말일세. 그럼 악은 환영일까?"

"물론 그렇지 않습니다." 나는 고통과 악의 실재에 대해 너무도 잘 알고 있었다.

"나도 같은 생각일세. 그렇다면 범신론은 고려의 대상에서 제외시켜도 되겠군. 악은 환영이 아닐세. 악을 환영이라 말하는 것은 터무니없는 일이지. 범신론자들처럼 악이 환영이라는 입장을 고수하는 사람들은 말 그대로 신의 저주를 불러올 신념체계를 받아들이는 셈일세."

"흥미롭군요." 내가 대답했다. "꽤나 강도 높은 발언인데요. 신의 저주, 즉 지옥의 문제는 저로서도 토론해보고 싶은 주제이긴 하지만 지금은 조금 전의 이야기로 돌아가는 게 좋겠어요. 그러니까 기독교에서는 악이 전능하고 사랑이 넘치는 신과 양립할 수 있다고 본단 말이죠?"

"그렇다네."

"그게 사실이라면 무신론이 더 그럴듯하지 않나요? 거대한 악과 고통의 문제는 신의 존재를 부인하는 게 아닐까요?"

"에피쿠로스가 제시한 틀 안에서는 무신론이 보다 설득력이 있어 보이네. 문제는 에피쿠로스의 틀 안에서 기독교가 스스로를 변증할 수 있느냐 하는 거지. 하지만 이런 식의 추론을 계속하기에 앞서 잠깐 다른 문제를 생각해보기로 하세. 자네는 어떤 것이 악하다는 것을 어떻게 아나?"

"어떻게 아느냐고요? 주위를 한번 둘러보세요, 잭. 사람들이 이렇게 팔다리가 잘려나가는 게 악이 아니고 뭡니까? 당신은 논점을 회피하고 있어요."

"아니, 그게 아닐세, 톰. 결코 그런 게 아니야. 조금 전의 논의에 대해서는 나중에 다시 이야기하기로 내 약속함세. 하지만 악이 무엇이고 어떤 것이 악한지 여부를 어떻게 아느냐에 대해 토론하는 것도 중요하다고 생각하네."

"이런, 질문이 두 개로 늘었군요!"

"그래, 하지만 둘 다 중요하다네."

"제가 생각하기에 사람들은 악이 뭔지 알아요. 죽음, 파괴, 질병…… 이런 것들이 악이죠. 고통 받는 사람들과 죽어가는 아이들, 범죄자들에게 살해된 무고한 사람들, 중국의 벽촌을 폐허로 만드는 지진…… 이 모든 게 악이에요."

"자네가 제시한 예들을 보니 악의 종류를 구분할 필요가 있을 것 같군. 자네는 어떤 악은 사람들에게서 비롯된 것이라는 데 동의하나? 다시 말해서 이번 전쟁과 같은 악은 사람들 간의 싸움에서 비롯된 결과라는 거지. 그런 경우 인간의 행동에서 비롯된 결과를 두고 신을 탓할 수는 없을 걸세."

"어떤 악은 인간의 잘못으로 생겨났다는 데 동의합니다." 내가 말했다.

"그런 악을 윤리적인 악이라 부르기로 하세. 하지만 자네가 언급한 또 다른 종류의 악, 이를테면 질병이나 자연재해 같은 것은 어떤가? 그런 악을 나는 자연적인 악이라 부르겠네. 이러한 구분은 중요하네. 악의 문제에 대한 답을 찾기 위해서는 그 문제의 여러 가지 측면을 전부 고려해야 해. 자연적인 악에 대한 해답은 윤리적인 악에 대한 해답과는 조금 다르네. 기독교적인 관점에 의하면 우리는 타락한 세상에 살고 있고, 불행히도 자연적인 악은 이런 타락의 한 부분일세."

"하지만 내가 말하고 싶은 것은 말입니다, 잭(그리고 보니 당신이 윤리적인 악이라 일컫는 것들에 관한 문제가 되겠군요), 이 세상이 고통으로 가득하고, 고통은 악이라는 겁니다. 만약 신이 선하고 사랑이 충만하다면 이 세상에는 악이 존재하지 않을 겁니다. 신은 악이 없는 세상을 만들 수 있을 테니까요."

"신이 악이 없는 세상을 만들 수 있을까?"

"물론 만들 수 있고말고요."

"자네 말이 맞을지도 모르지." 잭의 대답이 나를 놀라게 했다. "그러나 그런 세상이 신이 만들 수 있는 가장 좋은 세상일까?"

"당연하죠. 내 말은, 악이 없는 세상은 지금 우리가 살고 있는 세상보다는 확실히 더 나은 세상일 거라는 말입니다." 나는 잭을 궁지에 몰아넣었다고 생각했지만, 그건 나의 착각이었다.

"그럼 자네는 만약 우리에게 더 이상 선택의 자유가 없다면 어떨 것 같은가? 만약 자네가 어떤 사람에게 화가 나서 지팡이로 그 사람을 치려 하는데 지팡이가 그 사람에게 닿기도 전에 아름다운 데이지 꽃다발로 변한다면? 자네가 분노를 잊고 기쁨에 넘치도록 신이 자네의 마음을 조종한다면? 혹은 자네가 누군가에게 분노에 찬 말을 쏟아내려는 순간 신이 자네 입에서 심한 말이 나오지 않도록, 혹은 분노에 가득 찬 말 대신 교향악이 새어나오도록 한다면?"

"그건 인위적인 조작이에요, 잭. 당신이 무슨 말을 하려는지 알 것 같아요. 당신 말씀은 인간에게 자유의지가 주어진 만큼 악의 가능성도 열려 있다는 건데, 악의 문제처럼 거대한 주제를 이렇게 간단히 설명해치울 수는 없어요. 저는 받아들일 수 없습니다. 전능자라면 인간에게 자유를 허용하면서도 세상에 악이 생겨나지 않게 할 보다 나은 방법을 알 거예요."

"자네 같으면 자동인형, 예컨대 로봇에게 경주를 시키려 들겠나? 나라면 안 그럴 것 같네. 신의 주권을 인정하는 가운데 자유롭게 선택하는 능력은 우리를 특별한 존재로 만들어주네. 만약 이러한 자유가 없다면 솔직히 삶은 살아갈 가치가 없어. 게다가 고통에는 의미가 있네. 내가 쓴 《고통의 문제 The Problem of Pain》라는 책에서 자주 인용되는 대목을 보면 이 점이 분명해지는데, 그 내용을 대충 요약해보면 이렇다네. 때때로 세상은 하나님의 음성에 귀를 막고 있는 듯하다. 그런 세상에서 고통은 하나님이 우리의 주의를 끌기 위한 수단이다. 즉 고통은 귀먹은 세상을 일깨우는 하나님의 메가폰이다."

"고맙게도 저는 지금까지 살아오면서 고통을 차고도 넘칠 만큼 겪었답니다." 내가 말했다.

"그렇지만 분명 자네는 더 많은 고통을 겪게 될 거야. 신을 부정하는 논거의 한 가지 흥미로운 점은 악의 존재를 전제로 하고 있다는 걸세. 하지만 악이 존재하는지 여부를 어떻게 아나? 그리고 선악을 구별하는 기준은 무엇인가?"

"당신은 또다시 말을 돌리고 있어요."

"아니, 나는 진리를 구하고자 할 뿐이네. 만약 우리가 이번 전쟁과 그에 따르는 참혹한 결과들을 악이라 부르기로 한다면, 이를 악으로 판단하는 기준이 있어야 하네. 직선이 뭔지도 모르면서 어떤 선이 휘었다고 말할 수는 없는 노릇이 아닌가. 그리고 여기서 더 나아가 '기준을 정한 이는 누구인가?' 하는 것까지 물을 수 있어야 하네. 그 때에야 비로소 악의 실재를 근거로 신의 존재를 논할 수 있을 걸세."

"말은 그럴듯하군요." 내가 말했다. "하지만 겉보기에만 그럴싸한 속임수에 불과해요."

"속임수라고? 톰, 타당한 논증은 우리를 진리로 이끄는 법일세. 속임수는 도덕적으로 잘못되었을 뿐만 아니라 불필요한 것이기도 하지. 자네는 악이 존재한다고 말했네. 나도 같은 생각일세. 자네는 악이 신을 반대하는 증거라고 말했네. 나는 악이 신을 지지하는 증거라고 생각하네. 자네는 증거를 보다 면밀히 살펴볼 필요가 있어. 내가 신의 존재를 긍정하게 된 데에는 복잡한 추론 과정이 있었네. 그것은 단순히 악의 문제에만 기초한 것은 아닐세. 물론 악의 존재가 문제임은 나도 인정하네만, 그건 극복할 수 없는 문제는 아니야. 무언가를 악이라 칭하려면 선의 기준이 필요하며, 이 기준은 도덕적으로 선한 신의 존재에 근거하네."

"잭," 나는 잠시 숨을 가다듬은 후 접근 방식을 달리하기로 했다. "전쟁에 대해서는 어떻게 생각하시죠? 전쟁이 옳다고 할 수 있을까요?"

"만약 전쟁이 옳은 경우가 있다면 그건 한 나라가 다른 나라를 집어삼키려 할 때 수수방관하는 게 잘못인 그런 경우일 걸세. 그런 때에는 적절한 지도자나 정부가 결정을 내리는 한 수수방관하기보다는 적과 싸우는 게 옳지 않을까? 전쟁에 관한 문제는 중요하네. 그건 악의 문제와도 관련이 있으니까. 전쟁은 종종 세상에 존재하는 악의 예로 제시되곤 하지. 하지만 전쟁이 늘 악일까? 기독교인으로서 나는 어떤 것들은 도덕적으로 선한 반면 어떤 것들은 도덕적으로 악하다는 것을 믿네. 어떤 나라나 나라들의 연합체가 거대한 악을 저지르려 한다면 우리는 최선을 다해 그 거대한 악을 막아내야 하며, 그것은 인간으로서의 특권일세. 그런 경우 정부 당국에 의해 포고된 전쟁은 정당화될 수 있네."

"그러니까 평화주의나 반전주의는 대안이 못 된다는 말씀인가요?"

"그렇지는 않네. 하지만 합리적인 대안은 못 되지. 특히 인류 역사와 위대한 사상가들이 전쟁에 대해 한 말에 비추어보면 말이야. 자네, 내가 옥스퍼드 대학의 평화주의자 모임에 강사로 초청을 받아 간 적이 있다는 걸 알고 있나? 아마 그 때 거기 모인 사람들은 내가 한 말이 마음에 들지 않았을 걸세."

"하지만 예수도 제자들에게 한쪽 뺨을 맞으면 다른 쪽 뺨도 돌려 대라고 가르치지 않았나요?"

"그랬지. 하지만 그 말이 나온 맥락을 생각해야 하네. 본문을 자세히 살펴보면 예수께서 국가적 차원에서의 전쟁이 아니라 일상생활에서 개인들 간에 이루어지는 상호작용을 염두에 두셨음을 알 수 있네. 누가복음에는 예수께서 '검 없는 자는 겉옷을 팔아 살찌어다' (누가복음 22장 36절 하반절-역주)라고 말씀하신 대목도 나온다네."

"그러니까 예수가 전쟁을 승인했다는 말씀인가요?"

"아닐세. 기독교는 본질적으로 호전적이지 않아. 기독교는 하나님에 대한 사랑과 이웃에 대한 사랑을 기초로 하고 있지. 악한 의도로 기독교와 예수의 이름을 사용하는 사람들도 있는데, 불행한 일일세. 기독교의 참 목적은 사람들에게 믿음을 강요하는 데 있지 않고 합리적인 답과 증거를 제시하는 데 있네. 그러나 인류 역사에는 전쟁이 끊

이길 않지. 전쟁이 언제 정당하며, 그래서 국민이 이를 받아들일지 여부는 국가가 결정하기에 달렸네."

우리는 멀리서 산발적으로 들려오는 포성을 들으며 참호 속을 계속 걸었다.

"다시 악의 문제로 돌아가서, 제가 옳게 이해했다면 잭, 당신은 전능한 신의 존재와 악의 실재가 양립할 수 있다고 하셨죠?"

"그랬지. 기독교의 하나님이라면 당연히 그렇다마다."

"그리고 만약 전능한 하나님이 모든 악을 제거한다면 우리도, 아니 적어도 우리의 자유의지도 제거해야 할 테고요?"

"그렇지만 톰, 하나님께서 하실 수 없는 일도 있네. 하지만 그건 하나님의 약점이라기보다는 그의 본성에 부합하는 미점이지. 예를 들어 하나님은 거짓말을 하거나 변덕을 부린다거나 하지 않으신다네. 그렇기 때문에 우리는 일관되게 그의 말을 믿을 수 있고, 그의 성품이 늘 한결같으리라는 것을 아는 걸세."

"그건 하나님이 전능하지 않다는 뜻이 아닐까요? 당신 말씀대로라면 하나님은 자신이 만들어낸 바위 하나 들어 올릴 수 없는 신이 되어버릴 테니까요."

"전혀 아닐세. 내 말은 하나님이 그의 본성에 부합하는 것은 무엇이

든 하실 수 있는 분이라는 뜻이네. 물론 하나님은 네모난 원을 만들거나 거짓말을 하지는 못하시지. 하지만 네모난 원은 그 자체로도 말이 안 되고, 하나님이 거짓말을 못하신다는 것은 흠이 아니라 긍정적인 속성이네. 그러나 악에 대해 말하자면, 나는 하나님이 악을 없애지 못한다고 말하기보다는 악을 없애는 것은 우리에게서 자유의지를 앗아가거나 우리 자체를 없애는 일이라고 말하고 싶네. 자유의지를 앗아가거나 우리를 없애는 일 모두 본질적으로 악이며, 따라서 하나님은 그런 일을 할 수 없으시네. 능력이 없어서가 아니라 우리의 유익을 위해서."

"잘 모르겠어요." 나는 생각을 가다듬으려 애썼다. "하나님이 전능하다면 더 나은 세상을 창조할 수도 있었을 텐데요."

"그렇겠지. 하지만 더 나은 세상이란 어떤 세상인가? 라이프니츠는 하나님은 최선을 다하실 따름이기에 이 세상은 가능한 최상의 세상임에 틀림없다고 말했네. 아퀴나스라면 이 세상이 가능한 최상의 세상이 아니라 가능한 최상의 세상을 만들어가는 최상의 길이라 말했겠지."

"하나님이 아무것도 창조하지 않을 수는 없었을까요?"

"나는 하나님이 다른 세상을 창조할 수도 있었다고는 생각지 않네.

어떤 기독교 사상가들은 그렇게 생각하기도 하지만 말이야. 자네 질문을 '회피' 하는 것처럼 보이지 않도록 자네의 질문을 좀더 파고들어가 보지. 기독교 유신론의 하나님은 그 자체로 완전한 분이시네. 그는 그 무엇에도 의존하지 않으며 성삼위, 즉 성부·성자·성령을 통해 자신의 사랑을 나타내 보이실 수 있네. 따라서 하나님이 아무것도 창조하지 않는다는 것도 가능한 일이지. 내 생각에 하나님은 그냥 세상을 창조하고 싶었기 때문에 창조하셨을 뿐이야. 세상을 창조하지 않는 편이 더 낫지 않았겠느냐고? 나는 그렇게 생각하지 않네. 만약 그렇다면 자네도 없고 나도 없었을 테니까. 자유의지를 지닌 피조물은 하나도 없을 테니까."

"그렇지만 세상을 창조하지 않았다면 악도 없었을 텐데요." 내가 말했다.

"옳은 말일세. 하지만 자네나 그 밖의 다른 것들도 없었을 테지."

"만약 하나님이 자유의지가 없는 사람들을 창조하거나 사람들이 악행을 저지르려 할 때마다 그들의 마음을 바꿔놓는다면 어떨까요?"

"그런 세상은 로봇들의 세상이지. 자유로운 선택이 불가능한 피조물들의 세상. 지금 우리가 사는 세상을 가능한 최상의 세상으로 만드는 한 가지 요소는 우리의 성품이 악과 고통의 실재에 의해 빚어질 수도 있다는 걸세. 이 세상과 그 안에서 겪는 고통은 우리의 영혼을 더욱 향상시킬 수가 있네. 세상은 우리에게 시련을 가져다주기도 하지만 고통을 통해 우리를 성장시키기도 하지. 세상은 영원한 삶을 위해 우리를 준비시키는 그런 곳일세."

"그렇다면 하나님이 악을 만들어냈다는 비난은 어떻게 하시겠어요?"

"질문의 성격이 잘못되었네."

"무슨 뜻이죠?"

"자네는 마치 하나님이 우주라는 실험실에서 시험관과 비커를 가지고 악을 만들어내는 것처럼 말하고 있지 않나? 그보다는 악의 본성에 대해 먼저 물어야 하네. 악은 그 스스로 존재하는 것일까? 내 생각에 악은 존재한다기보다는 무언가 결여된 상태를 의미해. 악은 선을 필요로 하지만 선은 그 스스로 존재하네. 그러나 악은 선에 기생할 뿐이야. 그렇다면 하나님은 자네가 말한 것처럼 악을 만들어낸 게 아닐세. 악은 올바른 의미에서 어떤 '것'이 아니니까."

"대답이 지나치게 단순한걸요. 무슨 뜻인지도 잘 모르겠고요. 당신은 하나님이 악을 만들어냈다는 사실을 회피하고 있어요."

"하지만 이건 내가 생각해낸 게 아닐세. 나는 그저 성 아우구스티누스나 성 토마스 아퀴나스 같은 사람들의 생각에 동의한 것뿐이야. 나는 이런 생각이 하나님이 악을 만들어냈느냐 하는 문제(비난)를 해결해주리라 믿네. 어딘가에 선이 결여되어 있다면 그것이 곧 악일세. 누군가 눈이 멀었다면 시력의 상실이 곧 악이고, 우리 집 지붕에 구멍이 뚫려서 비가 샌다면 지붕이 악이 아니라 선의 결여, 즉 기왓장이 날아간 게 악일세. 이러한 해결책은 범신론처럼 악의 실재를 부인하지도 않고 무신론처럼 하나님의 존재를 부인하면서 악을 긍정하지도 않네. 그보다는 악을 일종의 결핍상태로 봄으로써, 비록 악의 실재는 인정하지만 하나님이 악을 만들어냈다는 주장을 부인하지. 하나님은 만물을 창조하셨지만 만물의 결여를 창조하지는 않으셨네. 앞에서도 말했듯 악은 그 스스로 존재하는 게 아니라 다른 곳에 기생하네."

나는 잭의 말에 대해 생각해볼 시간이 없었다. 포성이 점점 더 크고 가깝게 들려왔기 때문이다. 갑자기 병사들이 참호에서 나와 멀리 있는 또다른 참호로 후퇴하기 시작했다.

"가세. 이 참호는 곧 폭파될 것 같으니까!" 잭이 말했다.

우리는 피비린내 나는 들판을 정신없이 달렸다. 잭이 무인지대라 부른 그곳은 이제 뛰거나 총에 맞아 쓰러진 병사들로 가득했다. 연기와 먼지가 눈앞을 가렸다. 앞서 달리던 잭이 내가 잘 따라오나 보려고 이따금씩 뒤를 돌아보았다. 나는 느슨하게 풀린 군화 끈에 걸려 진창에 처박히면서 군모를 잃어버렸다. 잭이 달려와 내 옆에 무릎을 꿇고 앉았다. 포성이 더욱 요란해졌다. 뒤를 돌아다보니 연기 사이로 적군 병사가 다가오는 게 보였다. 그는 독일어처럼 들리는 말로 뭐라 중얼거렸다.

"일어서!" 잭이 소리쳤다. 그는 내 왼팔을 붙잡고 일으켜 세웠다. 우리는 정신없이 뛰다가 참호를 만났지만 무사히 그 안에 들어갈 수 있을 것 같지가 않았다. 머리 위에서 낮은 호각 소리가 길게 울렸다.

"뛰어!" 잭이 말했다. 내가 주저하자 잭은 나를 참호 속에 밀어 넣었고, 그러자 세상이 온통 깜깜해졌다.

#05 잭의 학교에서 진리를 찾아

잭이 기독교를 받아들이게 된 과정 및 신화에 대해 이야기하고,
생각이 인간성을 파괴할 수 있느냐 하는 문제에 대해 토론한다.
내가 서가에서 단테의 《신곡》 중 〈천국〉편을 집어 들자 놀라운 일이 벌어진다.

생각이 인간성을 파괴할 수 있는가?

사방이 암흑천지였다. 나는 눈을 깜박거렸다. 여전히 깜깜했다. 조용했다. 고요했다. 이윽고 새소리와 물소리가 들려왔다. 근처에 시냇물이 흐르는 듯했다. 나는 다시 눈을 깜박거렸다. 밝은 햇살에 눈이 부셨다. 나는 등을 바닥에 대고 누워 있었다. 연기와 먼지, 참호 따위는 모두 사라지고 없었다. 나는 여전히 군복을 입은 채 한쪽 발에만 군화를 신고 있었다.

잭은 어디에 있지? 나는 일어나 앉아서 상처를 살핀 후 주변을 둘러보았다. 잭이 나무들 사이로 난 길 위에 아주 조용히 서 있었다. 주위를 둘러보니 우리는 강가의 오솔길 같은 곳에 있었다.

"여기가 어디죠?"

"애디슨의 산책로라네." 잭이 미소 띤 얼굴로 대답했다. "참호 안보다는 훨씬 낫구먼, 안 그런가?"

"물론이죠. 누구의 산책로라고요?"

"애디슨일세. 조지프 애디슨. 오래전에 옥스퍼드 대학교의 모들린 칼리지에서 교수로 있었지. 17세기에서 18세기로 넘어가던 시기에. 그는 이곳을 산책하는 것을 좋아했네. 그래서 이 산책로에 그의 이름이 붙은 거고. 저기가 차월 강이라네." 잭이 손짓을 했다. 나는 고개를 돌려 물소리를 내며 흐르는 강물을 바라보았다.

"여기는 왜 온 거죠?" 나는 완전히 일어서서 옷에 묻은 흙을 떨어내며 물었다.

"이곳은 옥스퍼드 대학교, 보다 정확히 말하자면 모들린 칼리지라네. 저기 모들린 칼리지 건물이 보이는군. 저 새 건물에 가보세." 잭이 건물을 가리켰다. "나는 모들린에서 여러 해를 봉직했네. 애디슨처럼 나도 이 산책로를 좋아했지. 그리고 역시 애디슨처럼 나도 모들린에서 교수로 있었네. 1925년에 처음 임용된 후로 줄곧 옥스퍼드에 있다가 1954년에 케임브리지 대학교로 옮겼지. 하지만 그건 또 다른 이야기일세."

잭은 나를 데리고 걷기 시작했다. 나는 신발을 한쪽만 신은 탓에 걸음걸이가 불안정했다. 그래서 군화를 벗고 맨발이 되어 뾰족한 돌을 밟지 않도록 조심해서 걸었다. 잭이 애디슨의 산책로를 좋아하는 이유를 알 것 같았다. 숲이 우거지고 근처에 강이 흐르고 햇살이 따스하게 내려쬐는 이 모든 게 참호전의 암울함과 현저한 대조를 이루었다.

"여기서 휴고 다이슨과 톨러스와 토론을 벌이곤 했지."

"톨러스라고요? 하긴 다이슨이라는 이름도 처음 듣습니다만." 나는 살짝 당황해서 말했다.

"톨러스와 다이슨은 내 친구일세. 자네도 곧 만나보게 될 걸세."

잭이 말을 마치자 나뭇가지 스치는 소리와 함께 사람 목소리가 들렸다.

"아니, 자네 먼저."

"자네 먼저 가게, 휴고."

"아니, 아니, 아니야. 그럼 같이 갈까?"

"아, 그게 좋겠군."

오솔길 위로 두 사람이 모습을 드러냈다. 한 사람은 불을 붙이지 않은 파이프 담배를 입에 물고 지팡이를 짚고 있었다. 어딘가 낯익은 얼굴이었지만 누군지 잘 기억이 안 났다. 또 한 사람은 다부진 체격에 머리가 벗어졌는데, 예리한 눈과 뾰족한 콧날과 벗어진 머리가 독수리를 연상케 했다.

"톨러스! 다이슨!" 잭이 그들을 향해 손을 흔들었다. "자네들을 만나다니 정말 반가우이."

"잭!" 다부져 보이는 사람이 말했다. "애디슨의 산책로엔 웬일인가? 문예부흥기가 존재하지 않았다고 말하려는 건 아니겠지?" 그가 웃음을 터뜨렸다. "그런데 같이 있는 사람은 누군가?" 그는 잠시 말을 멈췄다. "군복이 조금 구식인걸? 어디 가장무도회라도 다녀오는 길인가? 그런데 군화를 신는 걸 잊어버린 것 같군."

1차 대전 때의 군복은 확실히 옥스퍼드의 이 아름다운 산책로와는 어울리지 않았다.

"톰, 휴고 다이슨일세. 휴고, 내 미국인 친구 토머스 클러크 군이네. 우리는 이를테면 여행을 하는 셈이라네. 주로 대화를 나누고 좋은 경치도 구경하고."

"자네와 자네의 미국인 친구라!" 다이슨이 웃으며 말했다. "미국인들은 자네를 정말 좋아하지. 아, 탐험여행길에 오른 위대한 루이스와 클러크 군이로군!"

나는 그와 같은 농담에 속으로 신음을 했지만, 다이슨은 유쾌하고 상냥한 사람인 듯했다.

"만나서 반갑네, 클러크 군." 다이슨이 내 손을 쥐고 흔들며 말했다.

"그리고 여기는 내 친구 톨러스일세. J. R. R. 톨킨으로 더 잘 알려져 있지." 잭이 말했다.

나는 틀림없이 바보 같이 보였을 것이다. 내 앞에 서 있는 소탈한 사람을 보면서 살짝 입이 벌어졌으니까. 여기 판타지 소설의 고전인 《호빗The Hobbit》과 《반지의 제왕The Lord of the Rings》의 저자 J. R. R. 톨킨이 있다고 생각하니 느낌이 남달랐다. 나는 대학시절에 《호빗》과 《반지의 제왕》을 읽었는데 비록 살짝 건조한 부분도 있었지만 톨킨이 창조해낸 세계에 완전히 빠져들고 말았다. 그 후로 몇 년간은 판타지를 읽은 적이 없지만 나는 톨킨 앞에서 외경심에 사로잡힐 만큼은 그를 알고 있었다. 잭이 내 옆구리를 찌르는 바람에 나는 정신을 차리고 톨킨이 내민 손을 맞잡았다.

"반갑네, 클러크 군." 톨킨이 미소를 지었다. "잭, 또 보니 좋긴 하네만 자네 좀 피곤해 보이는군. 어디 안 좋은가?"

"괜찮네." 잭이 대답했다.

톨킨의 말에 잭을 돌아보니 과연 그는 피곤해 보였다. 노쇠해 보인다기보다는 지쳐보였다. 우리가 병실에서 처음 만났을 때의 원기 왕성한 모습은 찾아볼 수 없었다. 내가 그 얘기를 하려는데 잭이 먼저 입을 열었다.

"우리가 여기 왜 왔는지 알 것 같네, 톰." 잭이 내 쪽을 쳐다보며 말했다. "톨러스와 다이슨이 여기 있는 것으로 보아 분명해졌네. 자네들 둘은 오래전의 어느 날 저녁, 우리가 장시간 토론을 벌인 것을 기억할 걸세. 그 때 우리는 애디슨의 산책로를 거닐었지."

"맞아. 자네는 좀처럼 자기주장을 굽히려 하지 않았네." 다이슨이 말했다. "오, 자네는 '기독교 신화'에 대해, 그리고 그 신화가 진실일 리가 없다는 이야기를 하고 또 했지. 《황금가지》도 자네에겐 아무 도움이 안 됐고, 톨러스의 말도 도움이 안 됐지. 톨러스만큼 신화에 해박한 사람도 없었는데도! 자네는 무신론을 옹호하는 데 열심이었어. 안 그런가, 잭?"

"그랬지, 휴고. 그 땐 그랬어."

"자네가 기독교의 하나님을 뭐라고 불렀더라?" 톨킨이 물었다. "'초월적 간섭자'라고 불렀던가?"

"맞아, 톨러스, 그 비슷한 이름이었을 거야. 하지만 그날 밤 자네들은 의미 있는 이야기를 들려주었지. 토론이 끝날 무렵 내겐 기독교를 받아들이는 길밖에 선택의 여지가 없었네. 그토록 기독교의 올무에서 벗어나고 싶어했는데도 말일세. 어쨌든 나는 유신론에 사로잡혔네."

"이 분들 덕에 기독교를 이해하게 되었나요?" 내가 물었다.

"기독교? 기독교라기보다는 그리스도를 이해하게 되었네." 잭이 말했다. "내겐 어떤 즉각적이거나 정서적인 체험 따위는 없었네. 내가 진정 스스로를 기독교인이라 생각하게 된 것은 그로부터 몇 주가 지난 다음의 일이지. 그렇지만 톨러스와 휴고가 나의 회심에 어떤 영향을 미쳤느냐고 묻는다면 확실히 그렇다고 대답하겠네."

"자네에게 저녁식사 초대를 받은 기억이 나는군." 다이슨이 말했다. "우리는 먹고 이야기하고 애디슨의 산책로를 거닐었지."

"그 때 나뭇잎을 흔들던 바람 기억하나?" 톨킨이 끼어들었다. 그는 생각에 잠겨 주변의 나무들을 바라보았다. "온화하고 고요한 저녁에 꼭 우리의 주의를 일깨울 만큼만 하나님의 능력이 임한 신비로운 순간이었지." 톨킨은 말을 멈추고 하늘을 올려다보았다. 마치 하늘에서 또다시 예전의 그 바람이 불어오기를 고대하는 것처럼.

"그리고 잭의 주의를 일깨울 만큼만." 하고 다이슨이 말했다. " 우리는 신화와 메타포, 그리고 신의 죽음과 관련한 이교 전설들에 대해 많은 이야기를 주고받았지. 그런 다음 자네는 새벽 세 시에 자리를 떴고 말이야." 다이슨이 톨킨을 보며 말했다.

"아내가 세 시 반경까지는 집에 들어와 있어주었으면 했으니까."

톨킨이 미소 지으며 대답했다. "하지만 자네들은 이야기를 더 하느라 내 시를 넘겼다면서?"

"그랬지." 잭이 말했다. "장시간의 대화에도 불구하고 시간이 쏜살같이 느껴지는 그런 기분 좋은 밤이었네."

새삼 세 친구의 우정이 느껴졌다. 나는 혼자만 겉도는 듯한 느낌 없이 대화에 참여하고 싶어서 잭에게 물었다. "이교 신화에 대해 무슨 이야기를 하셨는데요?"

"나는 신화, 특히 북유럽의 신화에 매료되었네. 신의 죽음과 부활을 이야기하는 이교 신화들에는 내 마음을 사로잡는 특별한 무언가가 있었어. 오딘 신의 아들 발데르와 그의 죽음 같은 것들이 그랬지. 그 왜, 롱펠로가 번역한 텡네르의 〈드라파Drapa〉에도 나오지 않나. '외치는 소리가 들렸네. 아름다운 발데르가 죽었도다, 죽었도다' 하고 말이야. 그러나 예수의 죽음과 부활을 이야기하는 기독교의 '신화'를 접했을 때에는 뭔가가 마음에 걸렸네. 그 이야기를 받아들이기가 힘들었지."

"자네도 알겠지만" 하고 톨킨이 나를 보며 말했다. "잭은 마음속 깊은 곳에서는 그리스도의 이야기에 뭔가가 더 있음을 알면서도 다른 모든 사람들처럼 하나님이 허락한 인간 조건과 씨름했네. 잭은 자기

식으로 살고 싶어했고, 자신만의 길을 걷고 싶어했지." 그는 파이프 담배로 오솔길을 가리키며 말했다. "초월적인 간섭자가 그의 윤리관에 개입하는 일 없이 말일세. 자존심은 신과의 관계뿐만 아니라 다른 많은 것들에 있어서도 걸림돌이 된다네. 잭은 신화를 원했지만, 결코 끝나지 않는 위대한 신화의 진실은 원치 않았어." 톨킨은 다시 파이프 담배를 입에 물었다.

나는 어리둥절하면서도 호기심이 생겼다. "잭, 당신은 커크패트릭과의 대화에서도 '참된 신화'라는 말을 썼는데, '참된 신화'라는 말은 그 자체가 모순 아닌가요?"

"그렇지. 참된 신화란 하나님의 신화라네." 잭이 말했다.

"하지만 그게 '참된 신화'인지 어떻게 알지요? 세상에는 신화가 무수히 많은데요." 내가 이의를 제기했다.

"차이점이라고 하면 물론 그리스도의 이야기가 이교 신화와는 달리 역사 속에서 실제로 있었던 일임을 내가 알게 된 거지. 증거는 찾으려고 마음만 먹으면 얼마든지 있다네. 여러 세기에 걸쳐 다양한 문화를 통해 전해 내려오는 다른 모든 신화들은 기실 하나님의 참된 신화를, 때로는 희미하게 암시하고 있을 뿐이네. 내가 이교 신화에 주의를 기울이게 된 것은 단지 이교 신화가 그리스도의 참된 신화(역사적 인간 안에 구현된 하나님의 위대한 이야기)를 예표하기 때문일세. 우리 모두는 하나님의 참된 신화가 완성되기를 바라지. 의식하지 못하는 가운데에도 실은 본향을 동경하며 우리의 삶을 하나님의 대용물들로 채우려 애를 쓰고 말이야."

"글쎄요, 제겐 여전히 터무니없는 이야기처럼 들리는데요. 제 말은, 예수와 그의 부활에 관한 이야기 말이에요."

"어디가 말인가?" 다이슨이 물었다.

"전부 다요. 처녀가 아이를 낳는 것도 그렇고, 물 위를 걷고, 눈 먼 자를 보게 하고, 죽었다가 다시 살아나고 하는 모든 게 터무니없게 느껴집니다. 너무나 신화 같아요. 당신들이 말하는 '참된 신화'가 아니라 진짜 신화, 즉 꾸며낸 이야기 말입니다."

톨킨이 입에서 파이프 담배를 빼더니 잠시 나를 물끄러미 쳐다보았다. "자네의 진정한 관심사는 톰, 신화라기보다는 신화가 기적과 연관지어지는 방식에 있구먼. 자네가 자연주의를 취하고 초자연주의를 거부하는 것은 꽤나 분명해 보이네." 그는 여전히 나를 응시하면서 다시 파이프 담배를 입에 물었다.

그의 말이 옳았다. 나는 그리스도의 이야기에 흥미를 느꼈다. 그렇지만 현대를 살아가는 그 어떤 사람이 성경에 나오는 무수한 기적을 믿을 수 있겠는가? 그러면서도 나의 일부는 만약 신이 존재한다면 기적도 가능하리라는 것을 받아들였다. 내가 받아들일 수 없었던 것은 신의 존재 그 자체였다. 내 앞에는 장애물이 너무 많았다.

"이보게, 클러크 군, 자네는 논점을 혼동하고 있는 것 같군." 다이슨이 말했다.

"잠깐만," 잭이 끼어들었다. "자네들 둘이 한 이야기만으로도 톰은 머리가 복잡할 걸세. 여기서 톰을 더 힘들게 할 필요는 없을 것 같아. 만약 톰이 기적에 관한 지금과 같은 논의에 관심이 있다면 기적을 주제로 한 내 책을 보면 될 걸세."

"자네 말이 옳으이, 잭." 다이슨이 말했다. "톰은 자네와의 대화를 따라가기에도 벅찰 거야."

나는 아무 말도 하지 않았지만 속으로는 잭의 개입이 고마웠다. 그들과의 토론에서 밀릴 것 같아서가 아니라 나는 수적으로 열세였고, 잭이 이를 알아주었기 때문에. 잭은 나를 궁지에 몰아넣는 대신 대화가 자연스럽게 마무리될 수 있도록 배려해주었다. 우리는 톨킨과 다이슨에게 작별을 고한 뒤 모들린 칼리지 안에 있는 잭의 연구실로 향했다. 내 머릿속은 아직도 애디슨의 산책로에서 이야기한 것들로 가득했지만……

옥스퍼드의 모들린 칼리지는 우리가 있는 곳에서 보면 마치 성 같았다. 다리 옆으로 높다란 망루와 첨탑이 보였다. 나는 잭의 뒤를 따라서 건물 입구의 기다란 통로를 걸었는데, 잭은 그곳을 회랑이라 불렀다. 건물 안에는 커다란 아치형 창문이 줄을 이었다. 우리는 이층으로 올라갔다.

잭이 연구실 문을 열었다. 당연한 일이지만 서가에는 책이 빼곡했다. 서점에서 보는 것과 같은 새 책이 아니라 낡고 손때 묻은 책이었다. 중세 영문학과 사전류, 그리고 철학·종교학·윤리학 서적들이 얼핏 눈에 들어왔다. 나는 방안을 좀더 둘러보다가 널따란 녹지대가 내다보이는 창가에서 안락의자를 발견했다. 창밖을 내다보니 사슴 세 마리가 풀을 뜯고 있었다. 잠시 후 나는 방안 공기가 썰렁함을 깨달았다.

"방 안이 추운데요." 나는 몸을 떨며 말했다.

"그렇다네. 중앙난방장치가 안 돼 있으니까."

"'새' 건물이라면서요."

"그랬지. 하지만 옥스퍼드에서 '새' 것이란 자네가 생각하는 그런 게 아닐세. 이 건물들은 1700년에 지어졌지. 중앙난방장치가 안 돼 있으니 난로에 석탄을 넣고 불을 피워야겠군. 잠깐 기다리게."

"인류는, 그리고 우리 한 사람 한 사람은 모두 가치 있는 존재입니다."
" 그 가치에 대한 기준은 어디서 났나?"
"당신은 저를 궁지로 몰아넣어, 어떤 것이 가치있으려면 그 가치를 결정하는 기준이 있어야 함을 인정하게 만들려 하고 있어요."
"그럴 생각 따위는 없네, 나는 단지 진리에 도달하고 싶을 뿐이야."

잠시 후 잭은 자줏빛 가운을 걸친 모습으로 돌아왔다. 그의 한쪽 팔에는 검정색의 또 다른 가운이 걸쳐져 있었다.

"이걸 입게. 자네는 이제 옥스퍼드 대학교 교수일세. 혹은 적어도 교수직에 어울리는 옷을 입게 된 거지." 잭이 미소 띤 얼굴로 가운을 건넸다.

"고맙습니다. 이 부속실에서 갈아입을게요." 나 역시 진흙 얼룩이 묻은 1차 대전 당시의 군복을 벗어버리고 싶었다. 지저분하고 냄새 나는 군복은 전쟁의 참혹성을 상기시켜주는 불쾌한 물건이었기에. 가운은 생각보다 무거웠다. 나는 환자복 위에 가운을 걸쳐 입었는데, 환자복은 우리가 이제껏 겪어온 일을 고려하면 상태가 아주 양호한 편이었다. 문밖에서 잭의 목소리가 들려왔다.

"어떤 문학작품에서는 등장인물이 변장을 하는 게 그들이 정체성 위기를 겪고 있음을 알리는 수단이 되기도 하지."

"하지만 잭, 이건 변장이 아니에요. 저는 단지 몸을 따뜻하게 하려는 것일 뿐이라고요." 나는 검정색 가운을 입고 다시 연구실로 나왔다.

"그러니까 자네는 아직도 무신론이 최선의 대안이라 생각한단 말이지?"

"네." 나는 그의 옆에 있는 의자에 앉으며 대답했다.

"무신론에는 도덕적 가치의 토대가 없는데도?"

"당신은 도덕적 원리에 관한 한 무신론에는 어떤 확고한 기반이 없는 것처럼 말씀하시는군요." 내가 말했다.

"어떤 면에서는 그렇다네." 잭은 담담하게 말했다. "도덕적 기준은 누구한테나 명백하지. 흥미로운 것은 어떤 무신론자들은, 자네 같은 사람들 말일세, 이 세상에 도덕적 원리의 확고한 기반이 있었으면 하고 몹시도 바란다는 거야. 그렇지만 무신론의 입장을 견지하면서 도덕적 원리의 토대가 있기를 바란다는 것은 무리일세. 신이 존재한다면 또 모를까. 신이 존재한다면 신의 속성에 근거한 도덕적 원리를 말할 수 있겠지만, 신이 존재하지 않는다면 논리적인 해답을 기대할 수 없네."

"하지만 그건 제 입장을 지나치게 단순화시킨 겁니다!"

"자네의 입장이라는 게 뭔가?"

"저는 신이 존재하지 않을지라도 인간은 가치 있는 존재라고 믿습니다. 인류를 향상시키고, 질병을 몰아내고, 굶주리는 사람들에게 식량을 제공하고, 혹독한 자연환경을 극복해나가면서 진정한 발전을 이루어나가는 게 중요하다는 생각도 하고요. 제가 무신론자라고 해서 세상일에 무관심한 건 아닙니다. 충분한 시간이 주어지고 기술이 발달하면 우리가 원하는 방향으로 세상을 바꿔나갈 수 있어요. 종교에 구속받지 않고 분쟁이 없는 그런 세상으로요."

"자네가 무관심하다고 말한 적 없네, 톰. 그러나 무신론자인 자네로서는 방금 전에 주장한 바와 같은 말을 할 만한 근거가 없어. 선악에 관한 기준이 없는데 어떻게 어떤 것이 선하거나, 악하거나, 옳거나, 그를 수가 있겠나. 자네 말을 들으니 마치 내가 N.I.C.E.에 와 있는 듯한 느낌이 드는군!"

"N⋯⋯ 뭐라고요?"

"내가 쓴《그 가공할 힘 That Hideous Strength》을 읽어봤나?"

"아니요. 아직 읽어보지 못했는데요." 나는 그런 제목의 책을 들어본 적도 없다는 사실을 눈치 채이고 싶지 않았다.

"그 책에는 N.I.C.E., 즉 국립통제실험연구원(National Institute for Coordinated Experiments)이라고 하는 기관이 등장하네. 기관 내부의 소수 엘리트 그룹에게만 알려진 그들의 궁극적인 목표는 자연을 정복하는 것, 다시 말해서 과학과 기술의 발달을 통해 영원불멸에 도달하는 것일세. 이는 도덕 기준을 잃어버린 세상에서 어떤 사람들이 다른 사람들을 지배하는 형태로 나타나기도 한다네.《그 가공할 힘》은 내가《인간의 폐지 The Abolition of Man》에서 지적한 내용들을 소설 형식으로 표현한 것으로, 부제는 '현대인을 위한 동화'일세. N.I.C.E.는 전통적인 도덕의 경계를 허물고 세상을 자기들 뜻대로 바꾸고자 하는 어떤 사람들의 욕망을 잘 나타내주고 있지."

"멋진(nice) 곳이로군요." 내가 빈정거렸다. "제가 한 말이 N.I.C.E.를 연상시킨단 말이죠?"

"전적으로 그렇다는 것은 아닐세. 하지만 나는 늘 어떤 신념의 논리적 귀결이 무엇일까를 생각하지. 맞아, 나는 자네의 생각이 궁극적으로는 N.I.C.E.의 목표에 부합한다고 보네. 하지만 내가 말하고 싶은 것은 무신론자인 자네가 원하는 바를 이루려면 절대적인 도덕 기준이 있어야 하고, 그러기 위해서는 신이 존재해야 한다는 걸세."

"저는 그렇게 생각하지 않습니다. 인간을 가치 있게 여기고 인류의 향상을 위해 노력하는 게 뭐가 잘못됐다는 겁니까?"

"자네는 내 말의 요지를 이해하지 못하고 있어." 잭이 말했다. "하지만 그 문제는 잠시 제쳐두기로 하지. 자네의 사고체계 안에서 이 우주는 궁극적으로 소멸되고 말 걸세. 아무것도 남아 있지 않는데 자네 말대로 인류의 향상을 위해 애쓴들 무슨 소용이 있겠는가? 인간이 가치 있는 존재라는 자네 생각에 동의하지 않는 게 아닐세. 인류의 향상과 관련한 자네의 입장에 대해서는 자네가 의미하는 '향상'이 무엇이며, 그런 향상이 어떻게 이루어지느냐에 따라 동의할 수도 있고 동의하지 않을 수도 있겠지. 그러나 우선은 인간이 가치 있는 존재라는 자네의 말에 대해 토론하기로 하세."

"좋습니다."

"자네가 생각하는 '가치'란 무엇이며, 자네가 어떤 것을 '가치 있다' 여기는 근거는 무엇인가?"

루이스는 수사법뿐 아니라 소크라테스식 대화법의 대가이기도 했다. 그는 다시 '커크패트릭적인 방식'으로 돌아갔다. 나는 신중할 필요가 있었지만 그렇다고 그와의 대화에서 밀릴 것 같지는 않았다. 사실 독실한 신자일 뿐 아니라 자신의 신앙을 지적으로 설명하고 옹호하는 기독교인과의 대화는 즐겁기까지 했다. 잭의 신앙에는 맹목적인 데가 없었다. 물론 나는 여전히 그가 틀렸다고 생각하지만, 그의 지성만큼은 의심할 나위가 없었다. 나는 주의 깊게 말을 이어나갔다.

"인간이 가치 있다고 말할 때 저는 인간의 타고난 가치를 말한 겁니다. 인류는, 그리고 우리 한 사람 한 사람은 모두 가치 있는 존재입니다."

"그 가치에 대한 기준은 어디서 났나? 인류가 타고난 가치를 지닌다는 자네의 견해는 어디서 비롯된 건가?"

나는 잭의 의중을 알아차렸다. 그는 나로 하여금 가치가 의미가 있으려면 어떤 초월적인 존재, 다시 말해서 신에 그 기반을 두어야 함을 인정하게 하고 싶은 것이다. 나 역시 소크라테스식으로 답하기로 했다.

"당신은 저를 궁지에 몰아넣어, 어떤 것이 가치 있으려면 그 가치를 결정하는 기준이 있어야 함을 인정하게 만들려 하고 있어요. 그 기준이 신이라는 거죠."

"자네를 궁지에 몰아넣을 생각 따위는 없네. 나는 단지 진리에 도달하고 싶을 뿐이야. 자네가 어떤 근거로 인간이 타고난 가치를 지닌다고 보는지 알고 싶네. 인간이 타고난 가치를 지닌다는 나의 생각은 유신론에 근거하지. 만약 신이 존재한다면, 그리고 그 신이 선하고 인간이 신의 형상에 따라 지음 받았다면 인간은 확실히 타고난 가치를 지닌 존재라 할 수 있네. 반면에 무신론에는(자네가 지지하는 것처럼 보이는 인본적인 무신론에조차) 인간이 가치 있는 존재라 주장할 근거가 없네. 그런 식의 생각은 위험해. 결국 인류에 치명적인 결과, 즉 인간성의 파괴나 '인간의 폐지'를 초래할 수 있으므로."

"꼭 그렇지만은 않습니다. 인간을 가치 있다 여기고 신을 믿지 않는다고 해서 그런 식의 사고가 인간성을 파괴하거나 하지는 않을 겁니다. 그런 일은 결코 없을 거예요."

"그렇다면 이제 내 입장을 정리해보겠네. 내가 이제껏 입장을 명확하게 하지 않았다고 한 자네 말이 맞는 것 같으니까 말이야. 하나님의 존재를 부인하는 일군의 사람들이 인류가 가치 있는 존재이며 더욱 향상되어야 한다는 식으로 생각한다고 가정해보세. 그 사람들에게는 가치판단의 토대가 결여되어 있는 만큼 본질적으로 그들은 하나님과 그의 속성에 근거한 내재적 도덕 기준으로부터 유리되어 있는 셈일세."

"그건 좀 어폐가 있는 것 같은데요?"

"잠깐 내 말을 먼저 들어보게. 그들은 스스로를 옳고 그름을 구별하고 인류 향상에 공헌할 중재자의 위치에 두지만, 이는 궁극적으로 어떤 사람들이 다른 사람들을 지배하거나 통제하는 결과를 불러올 걸세. 시간이 지나면 이런 종류의 사고에 기초한 철학은 한때 터무니없다고 여겨져 받아들일 수 없는 것으로 판명 난 그런 어처구니없는 상황을 초래하게 될 거야."

"잭, 당신은 잘 이해를 못하시는 것 같아요. 왜 꼭 그런 부정적인 결과를 예상하시죠?"

"한 예로 그런 식의 사고가 지배하는 사회에서는 인간이라는 기계를 '향상' 시키기 위해 유전공학을 활용하는 게 허용될 걸세. 인류를 새로운 틀로 찍어내기 위해서는 새로운 질료가 필요하지. 어린아이들은 심지어 어머니 뱃속에 있을 때에조차도 소중하게 여겨지지 않고 우리가 하고자 하는 일에 필요한 생체조직으로밖에 여겨지지 않을 걸세. 가치체계가 무너진 사회에서 노인들은 사회의 부담이 될 경우 스스로 목숨을 끊든지 다른 사람들에 의해 목숨을 잃게 될 테고 말이야."

잭의 말은 현 시대에 거론되는 인간 배아와 안락사, 낙태, 유전공학 등을 떠올리게 했다. 그러나 나는 아직도 그런 것들이 잭이 말한 대로 인간성을 파괴하리라고는 생각할 수 없었다.

"하나님으로부터 비롯된 절대적인 도덕 기준이 없을 때 인간은 옳고 그름이 유의미한 방식으로 존재하지 않는 공허, 즉 텅 빈 세계로 들어가게 되네. 그런 식의 사고방식은 인간성을 파괴하고 말 거야. 절대적 도덕 기준이 없어서가 아니라(자연법은 절대적 도덕 기준이 있음을 입증해주고 있네) 그런 식의 사고방식을 지닌 사람들이 스스로를 도덕 기준으로부터 유리시키므로. 사실 그들은 더 이상 하나님이 애초에 의도하신 대로의 인간이 아닐세. 그들은 변하지 않는 절대적 기준이 아니라 기실 전혀 기준이라 할 수 없는 기준에 근거한 새로운 시대의 새로운 인간이 되는 셈이지. 그들은 욕망이 행위를 결정하는 그런 사람들이고,

그들의 신념이 만들어낸 주관주의의 논리적 귀결은 인간성의 파괴일세. 히틀러와 그의 '의학' 실험에 가담한 자들은 인간 변종이거나 시대를 앞서간 사람들이겠지. 좋은 의미에서가 아니라 인류를 파멸로 이끄는 나쁜 의미에서."

"걱정이 지나치신 것 아니에요? 그런 사람들의 행동 역시 사회에 득이 될 수도 있지 않을까요?"

"그 득이라는 게 기술이나 의학의 진보를 의미한다면 그렇겠지. 그러나 거기에는 대가가 따른다네. 하나님에 뿌리를 둔 도덕 기준의 실재를 부인할 때 우리는 인간성을 잃을 걸세. 우리가 다수의 행복을 추구하는 공리주의의 입장을 취한다면 무엇으로 억압받는 소수의 출현을 막을 것인가? 다수의 행복을 위해서라면 걸인들을 납치해서 실험에 사용하거나 범죄자를 대상으로 실험을 해도 괜찮을까? 저들은 동물 실험만으로는 부족하며, 이제 인간을 대상으로 실험할 때가 되었다고 말할 걸세. 인류의 행복을 위해 할 수만 있다면 배아복제도 하고 형질개선을 할 때도 되었다고 말이야."

"그러나 도덕 기준이 생물학, 예컨대 진화에 그 뿌리를 둘 수는 없는 걸까요? 생존본능 같은 것 말이에요."

"그게 어떻게 가능한지 모르겠군." 잭이 말했다. "도덕 기준은 개인들 사이의 행동에 영향을 미치네. 그러나 하나님이 없는 세상에서의 생물학적인 힘은 무질서하고 몰개성적이야. 우리는 때때로 무의식의 층위에서 자기도 모르게 본능에 반하는 행동을 할 때가 있네. 비록 우리의 '향상'에 도움이 되지는 않더라도 본질적으로 옳다고 여겨지는 일을 하는 거지. 이 때 우리는 세상적인 관점에서 볼 때 보다 이로운 것을 제쳐놓고서라도 올바른 것을 선택하네."

잭은 일어서서 가운을 벗은 뒤 서가로 갔다.

"자네, 단테의 《신곡 Divine Comedy》을 읽어보았나?"

"대학 시절에 〈지옥 Inferno〉편을 읽었습니다만."

"그렇다면 《신곡》을 제대로 읽은 게 아닐세. 세 편 중 한 편도 그리 나쁜 성적은 아니지만 언젠가는 나머지 두 편도 읽고 싶어질 거야. 아, 여기 있군, 책장에서 〈천국 Paradiso〉편을 꺼내보게."

"하지만 당신 바로 옆에 있잖아요." 나는 가죽 장정에 화려한 장식이 들어갔지만 조금 낡아 보이는 책 세 권(〈천국〉〈연옥〉〈지옥〉)을 보았다.

"한번 꺼내보게나."

나는 일어나서 잭이 있는 곳으로 다가가 책장에서 〈천국〉을 꺼냈다. 그 순간 책장 전체가 왼쪽으로 돌아가면서 위, 아래층을 연결하는 계단이 드러났다.

"나는 늘 이런 순간을 고대해왔다네." 잭이 미소 지으며 말했다. "물론 내 진짜 연구실에는 이런 비밀 통로가 없지만 말이야. 자, 이층으로 올라가세나. 자네가 먼저⋯⋯."

"아래층에는 뭐가 있는데요?" 나는 어둠 속에 잠긴 아래층 계단을 가리켰다.

"모르는 게 좋을 거야. 그리고 그 책은 의자에 놓아두게."

계단을 오르니 잠긴 문이 나타났다. 잭이 문을 열자 햇살이 쏟아져 들어왔다. 열린 문 사이로 평화로운 풍경 속에 자리한 집이 한 채 보였다.

"킬른스에 온 것을 환영하네." 잭이 말했다.

"킬⋯⋯ 뭐라고요?"

"우리 집일세."

06

오토바이 위의 예기치 못한 경험

잭의 집을 방문하고 그 집안의 막일꾼을 만난다.
구원과 회심에 대해 토론하고 런던까지 위험천만한 오토바이 여행을 한다.

무엇이 우리를

회심으로 이끌까?

우리는 문을 지나 그 집으로 다가갔다. 뒤를 돌아다보니 계단과 연결된 문은 사라지고 정적만이 흘렀다.

"잠깐," 잭이 하늘을 쳐다보며 말했다. "좀 들어보게."

나중에 나는 물론 그 소리를 듣지 못한 데 대해 스스로가 바보처럼 느껴졌다. 그러나 잭과는 달리 나는 두 차례의 세계대전을 겪지 않았다. 처음에는 소방차의 사이렌인 줄 알았는데 그 소리는 점점 더 가까워지지도, 멀어지지도 않았다. 게다가 소방차의 사이렌이라고 하기에는 너무 길었다.

"공습경보일세." 잭이 말했다. "방공호로 대피하는 게 좋겠네."

"방공호가 있어요?"

"그렇다네. 공습이 있을 때를 대비해서 팩스퍼드를 시켜 하나 만들어두었지."

"팩스퍼드요?" 내가 물었다. 그 때 발소리와 함께 거칠고 투박한 목소리가 들려왔다.

"아, 오늘 밤에는 방공호로 대피하시지 않아도 됩니다, 미스터 잭. 진짜 공습이 아니라 훈련일 뿐이니까요. 물론 오늘 밤에 진짜 공습이 없으리라는 보장은 없지만요. 킬른스에서는 언제 갑자기 공습이 있을지 모른답니다. 독일놈들이 한바탕 폭탄을 퍼붓고 나면 킬른스는 흔적도 없이 사라질 거예요."

"팩스퍼드!" 잭이 우리 쪽으로 다가오는 사람을 향해 미소를 지었다. 그 사람은 거구에 숱이 적은 머리를 짧게 자르고 있었다. 눈동자는 명랑했지만 이중턱을 비롯한 얼굴의 나머지 부분은 꽤나 우울해 보였다. 그는 잭과 비슷한 연배로 보였으며, 담배 냄새와 장미향을 풍겼다.

"잘 돌아오셨습니다, 미스터 잭. 그런데 이분은 누구시죠?" 팩스퍼드가 나를 힐끔 쳐다보았다. 나는 가운 사이로 군데군데 환자복이 들여다보이는데다 발은 맨발이었으니 당연히 잭의 동료 교수처럼 보이지는 않았을 것이다.

"팩스퍼드, 이쪽은 내 미국인 친구 토머스 클러크일세." 팩스퍼드가 고개를 끄덕이며 눈동자를 굴리는 게 마치 '아, 미국인…… 어쩐지 이상하다 했더니' 하고 말하는 듯했다.

"톰, 이쪽은 프레드 팩스퍼드일세." 나는 팩스퍼드를 향해 고개를 끄덕여 보이며 살짝 미소를 지었다. 잭이 나중에 설명해준 대로 팩스퍼드는 킬른스에서 30년 넘게 일해온 정원사이자 막일꾼이었다. 그런 그를 잭은 '없어서는 안 될 일꾼'이라 불렀다. 아닌 게 아니라 팩스퍼드는 집안의 허드렛일도 하고 정원도 돌보고 식료품도 사들이고 잭을 옥스퍼드까지 차로 데려다주고 데려오기도 하고 간단한 요리도 하고 닭도 치고 그 밖의 많은 일을 했다.

갑자기 사이렌 소리가 멎었다. "그럼 이게 훈련이었나?" 잭이 물었다.

"아, 네, 훈련이었지요. 안으로 들어가시겠습니까?"

"지금은 아닐세, 팩스퍼드. 나중에 다시 들리지. 그 전에 톰이 입을 만한 적당한 옷을 빌려줄 수 있겠나? 우리는 워런의 더들을 타고 런던에 다녀올 생각이라네."

'더들'이 뭔지는 몰랐지만 일종의 교통수단인 듯했다. 어찌 되었든

가운을 벗고 보다 편한 복장으로 갈아입게 되어 기뻤다. 비록 팩스퍼드가 생각하는 '적당한' 옷이 어떤 것인지는 모르겠지만.

팩스퍼드는 또다시 나를 힐끔 쳐다보았다. 나의 우스꽝스러운 옷차림에 강한 인상을 받은 게 분명했다. 그는 나를 그의 거처인 듯한 작은 방갈로로 데려갔다. 나는 가운을 벗고 조금 큰 듯한 푸른색 작업복을 입고 검은색의 낡은 장화를 신었다. 작업복 안에는 여전히 환자복을 입은 채였다. 옷을 갈아입고 나서 집 앞을 서성이는 잭에게로 갔다. 잭과 팩스퍼드는 전쟁에 대해 대화를 나누고 있었다.

"아, 제 생각에는 독일군이 또다시 공습을 해올 것 같아요. 틀림없습니다." 팩스퍼드가 말했다. 그는 '아' 소리를 자주 했다. "이번엔 런던을 초토화시킬 거예요. 두고 보세요. 조만간 우리 모두 독일어를 쓰게 되겠죠. '하일' 어쩌고 '하일' 저쩌고 하면서 말이에요." 그는 오른손을 들어 나치 식으로 경례를 붙였다.

"자넨 정말 유쾌한 친구야, 팩스퍼드." 잭이 말했다. "상황이 그렇게까지 심각한 건 아니겠지, 안 그런가?"

"잘 모르겠어요. 하지만 우리가 또다시 전쟁 중이라는 건 압니다. 그건 그리 유쾌한 일은 못되죠."

"자네 말이 맞네, 팩스퍼드. 자네 말이 맞아." 잭은 내가 다가오는 것을 보았다. "톰, 다시 보니 반가운걸. 팩스퍼드, 더들을 탈 수 있게 준비해주겠나?"

"그러지요. 최선을 다하겠습니다만 루이스 소령님이 하도 험하게 몰아서 상태가 어떨지 모르겠네요. 가는 도중에 타이어가 펑크 나거나 버스에 받힐지도 모른다고요." 팩스퍼드는 계속 뭐라 구시렁거리며 사라져갔다.

"루이스 소령이 누구죠?" 내가 물었다.

"우리 형, 워런일세."

잭은 잠시 생각에 잠겼다. 그 사이에 나는 주변을 둘러보기로 했다. 녹색식물에 둘러싸인 아담한 집이 마음에 들었다. 땅 밑에서 올라온 담쟁이덩굴 때문에 집은 마치 땅 속에서 솟아오른 듯이 보였고, 흰색 창틀이 붉은색 벽돌과 선명한 대조를 이루었다. 멀리 연못이 보이는 한 쪽으로 작은 피라미드처럼 보이는 이상한 구조물이 두 개 있었는데, 그 구조물의 끝에는 원통형의 커다란 물체가 달려 있었다. 잭이 의아해하는 내 얼굴 표정을 보았던가 보다.

"저게 바로 킬른일세. 벽돌을 굽는 가마지. 이 집의 이름은 저기에서 따온 걸세. 물론 우리는 저 킬른을 벽돌 굽는 용도로 쓰지는 않는다네. 주로 창고 대용으로 쓰고 있지."

나는 고개를 끄덕였다. "그런데 팩스퍼드에게 방공호를 만들게 하신 이유는 뭔가요?" 내가 물었다. 잭은 평소의 그답지 않게 살짝 얼굴을 붉혔다.

"음, 자네도 알다시피 전쟁이 나지 않았나. 독일군의 공습에 대비한 거지. 런던은 한동안 엄청난 공격에 시달렸다네."

"그렇지만 이곳은 조금 외진 곳 같은데요. 여기에서 옥스퍼드가 가까운가요?"

그 때 팩스퍼드가 돌아왔다. "아, 하지만 미스터 잭은 방송에서 국민의 단결을 촉구하는 연설을 한만큼 히틀러가 보복을 해오리라고 생각했죠. 그래서 저도 방공호를 만드는 데 동의한 거고요. 비록 독일군의 공격을 피하는 데 크게 도움이 되지는 않겠지만 말이죠."

팩스퍼드가 오토바이를 끌고 나오며 말했다. 오토바이 왼쪽에는 사이드카가 달려 있었다. 나는 이게 더들임에 틀림없다고 생각했다. 오토바이는 오래되었는지 상태가 그리 좋아 보이지 않았다.

"이게……" 나는 적당한 단어를 떠올리려 애썼다. "안전할까요?"

"안전하고말고." 잭이 대답했지만, 그다지 자신 있는 표정은 아니었다.

"물론 안전하지 않지요!" 팩스퍼드가 말했다.

"사이드카가 좁아서 불편할 것 같은데요." 내가 말했다.

"그거 잘됐군." 잭이 말했다. "자네가 운전을 해야 할 테니 말일세. 나는 운전을 하지 않는다네. 팩스퍼드, 톰에게 더들을 다루는 법을 설명해주게."

"네, 미스터 잭."

나는 항의해보았지만 결국 팩스퍼드로부터 시동을 걸고 브레이크와 핸들을 다루는 등의 기본적인 조작법을 배웠다. "명심하세요." 팩스퍼드가 경고했다. "지면이 고르지 않은 곳을 만날 수도 있고 그보다 더 심한 일을 겪을 수도 있다는 것을요. 루이스 소령님은 소령님의 소중한 더들에 무슨 일이 생기는 것을 좋아하지 않으실 거예요. 그리고 미스터 잭, 조심하셔야 하겠어요. 얼굴이 안돼 보여요. 열이 나는 듯도 하고……. 아, 수일 내로 몸져누우실 것 같아요. 제가 닭고기 수프를 만들어드리죠."

"고맙네, 팩스퍼드. 나는 괜찮네. 준비 됐나, 톰?"

"그런 것 같아요." 나는 오토바이에 오르며 말했다. 잭이 사이드카에서 고글을 꺼내 쓰고는 사이드카 안으로 들어가서 나를 올려다보며 만면에 미소를 지었다. 그 모습이 매우 낯설면서도 즐거워 보였다.

"나중에 다시 들르지, 팩스퍼드" 잭이 말했다. "도와줘서 고맙네."

"천만에요, 미스터 잭. 만나서 반가웠어요, 클러크 씨."

"저도요. 작업복과 장화를 빌려주셔서 고맙습니다."

나는 더들을 출발시켰다. 엔진소리가 킬른스의 정적을 갈랐다. 팩스퍼드의 다소 음정이 안 맞는 노랫소리가 들려왔다. "때 저물어 날 이미 어두우니 구주여 나와 함께 하소서."

"어디로 가죠?" 내가 속력을 내며 물었다. 길이 울퉁불퉁했지만 그런 대로 견딜만했다.

"런던으로 가세. 필요할 때 방향을 알려줄 테니." 잭이 말했다. 나는 그의 목소리가 너무나 잘 들리는 데 놀랐다. 오토바이의 엔진소리 때문에 말소리가 잘 안 들릴 줄 알았는데 의외로 오토바이를 달리면서도 대화가 가능했다. 여하튼 잭은 말하는 데 열중해 있었다.

"내가 예수를 하나님의 아들로 믿게 된 것도 이 사이드카 안에서라네." 그가 여전히 고글을 낀 채 나를 올려다보며 말했다.

"전혀 몰랐는데요." 그런 일이 일어나기에는 조금 특이한 장소라는 생각이 들었다.

"1931년 9월이었네. 우리는 윕스네이드 동물원으로 소풍을 가려고 계획을 세웠지. 형이 방에서 책을 읽는 동안 나머지 사람들은 어디서 무얼 타고 갈지를 의논하느라 시끌벅적했어. 결국 나는 형과 함께 이 사이드카를 타고 가기로 했다네."

"그런데 동물원으로 가는 길에 무슨 일이 있었던 거죠? 환상을 보기라도 했나요?"

"아니, 그런 일은 없었네. 사실 가는 길은 평화로웠네. 특별한 감정이나 생각에 빠져 있었던 것 같지는 않아. 나중에 나는 《예기치 못한 기쁨Surprised by Joy》이라는 책에서 그 때의 경험을 오랜 잠에서 깨어난 사람의 기분에 비유했지. 어쨌거나 그날 아침 나는 동물원에 가는 길에 내가 영적으로 깨어있음을 깨달았네. 그 때는 이미 유신론으로 돌아선 후였기에(하나님이 내 뒤를 바짝 추격해오는 무시무시한 순간이었네) 조용히 그 다음 단계가 진행되고 있었지. 사이드카 안의 내겐 사도 바울이 다마스커스에서 만난 빛이나 하나님의 음성 같은 건 없었네. 그렇지만 동물원에 도착했을 때 나는 변해 있었어. 회심과 구원은 어떤 그리스도인들의 바람처럼 그렇게 명확하게 구분지어지고 예측 가능한 것은 아니라네."

"어째서요?" 나는 흥미를 느껴 물으면서도 눈으로는 전방을 주시했다. 그러나 충분히 주의를 기울이지 못한 게 분명했다. 맞은편에서 황금빛 이층버스가 빠른 속도로 다가왔다. '이층버스는 대개 빨간색인데' 하는 바보 같은 생각이 머리를 스치는 순간 나는 내 실수를 깨닫고 방향을 틀었다.

"조심해!" 잭이 소리쳤다. "왼쪽으로! 도로 왼쪽으로 몰아야지!" 나는 가까스로 버스를 피했다.

"죄송해요." 나는 기어들어가는 목소리로 말했다.

"괜찮아, 저 버스는 나중에 따라잡기로 하지. 자네는 어째서 구원과 회심이 명확하게 구분지어지고 예측 가능한 게 아니냐고 물었네. 바로 그게 문제일세, 안 그런가? 무엇이 우리를 회심으로 이끌까? 회심이란 무엇일까? 회심은 구원과 어떤 관계에 있을까? 자네는 아우구스티누스가 '집어 들고 읽어라' 라고 거듭 말하는 어린이의 목소리에 마음이 움직였다는 사실을 알고 있나? 아우구스티누스는 이를 계시로 여기고 로마서를 펼쳤지. 그리고 얼마 지나지 않아서 기독교인이 되었네. 내 경우를 이야기하자면, 나는 사이드카를 타고 여기 오기 전에, 다시 말해서 기독교인이 되기 이전에 많은 '주의'를 접했네."

"그러니까 회심은 체험이나 어떤 과정 같은 건가요?" 나는 진심으로 궁금했다.

"둘 다라고 생각하네. 그리고 아마도 우리의 이해를 넘어서는 그 무엇일 거야. 내게 있어서 회심은 확실히 과정이었네. 주로 지적인 이해의 과정이었지. 나는 유신론을 받아들이기 이전에 무신론이나 범신론 같은 것들에 마음이 끌렸네. 그리스도와 기독교를 받아들이게 된 것은 훨씬 더 나중의 일이지. 1929년에 있었던 유신론으로의 회심은 내 삶의 분수령이 되었고, 그래서 《예기치 못한 기쁨》에도 그 때의 경험을 극적으로 묘사해놓았다네. 몇몇 부주의한 독자들은 그 부분이 내가 기독교인이 된 것을 이야기한다고 해석하지만, 그 다음 장을 읽어 보면 유신론으로의 회심임을 알 수 있네. 간단히 말해서 나는 인격적인 신을 믿기를 몹시도 주저했다네. 그러나 결국 성육신을 믿고 하나님의 아들 예수 그리스도를 믿게 되었지."

"그렇군요. 그렇다면 당신의 그런 경험을 무어라 부르시겠어요? 그게 회심이었나요?"

"글쎄, 그건 내가 기독교인이 되어가는 과정의 일부였네. 우리는 기독교를 믿기에 앞서 많은 것을 믿어야 하네. 예를 들어 하나님이 존재한다는 사실과 그가 인격적인 분이시고 기적을 행하시며 스스로를 우리에게 드러내 보이신다는 것을 믿어야 하고, 논리적이고 유의미한 의사소통이 실재하며 우리가 진리를 알 수 있다는 것을 믿어야 하네. 보통의 무신론자들에게는 기독교의 많은 부분이 무의미하게 여겨질 걸세. 단지 소통을 위한 기독교인들의 노력이 너무나 많은 것을 전제로 한다는 이유만으로 말일세."

"무엇이 우리를 회심으로 이끌까? 회심은 구원과 어떤 관계에 있을까?"
"회심은 체험이나 어떤 과정 같은 건가요?"
"둘 다라고 생각하네. 그리고 아마도 우리의 이해를 넘어서는 그 무엇일 거야. 내게 있어서 회심은 확실히 과정이었네. 주로 지적인 이해의 과정이었지."

"그 말씀은 맞는 것 같아요." 내가 동의했다.

"나는 《순전한 기독교》의 앞부분에서 믿음의 초기 단계에 있는 사람들에게 다가가려 했네. 그들이 그리스도의 복음을 듣고 이해할 준비가 되어 있다는 가정 따위는 하지 않고 말일세."

"어떻게 말이에요?"

"거기에 대해서는 곧 다시 이야기하게 될 테니 지금은 회심의 문제에 집중하기로 하세."

"좋습니다. 그래서 당신이 유신론자가 된 이후로 어떤 일이 일어났나요?"

"설명하자면 길다네. 어쨌든 나는 중요한 순간을 지나왔음을 깨달았고, 비록 기독교인은 아니었지만 교회에 다니기 시작했네."

나는 어리둥절해져서 잭을 바라보았다.

"나는 내 '색깔'을 보여줄 무언가를 해야 했네. 내 안에 있는 무언가가 달라졌음을 보여주어야 했던 거지. 나는 또한 그리스어로 된 요한복음을 읽기 시작했네. 그런데 내 보기에 복음서는 특별히 위대한 문학작품이 아니었네. 비평적인 관점에서 볼 때 성경은 위대한 신화와 전설에서 볼 수 있는 상상력과 멋진 문체가 결여되어 있었지. 하지만 바로 이 점이 내가 성경의 권위를 인정하게 된 이유의 하나일세.

게다가 성경 기자들은 당혹스러운 순간들, 예컨대 제자들이 어리석어 보이는 순간들까지 드러내 보일 만큼 요령부득이었지."

나는 잭의 이야기에 흥미를 느꼈다. 물론 나도 기독교인들로부터 그들의 회심에 관한 이야기(어떤 사람들이 '간증'이라 부르는)를 들은 적이 있다. 그들은 말로 나를 설득하지 못할 것 같으면 (설득하려는 사람도 거의 없었지만) 극적이고 감정적인 요소만 가득하고 지적인 엄밀성은 결여된 간증을 들려주곤 했다.

"그래서 동물원으로 가는 도로상에서 그 일이 일어났나요? 기독교를 믿게 되는 일이?"

"그렇다네. 그렇지만 이상하게도 그 일과 관련해서 특별히 심오한 무언가가 있었던 기억은 없네. 그 때는 내가 유신론자가 된 지도 2년이 지난 후라 순전히 감정적인 이유만으로 무언가를 믿거나 하지는 않았으리라고 생각하네. 앞에서도 말했듯 눈부신 빛이나 환상 따위는 없었어. 그냥 자연스럽게 다음 단계로 들어선 거지."

"그 때가 몇 살 때였는데요?"

"나이가 중요한 건 아니지만, 아마 자네 나이쯤 됐을 거야. 서른세 살의 생일을 두 달 앞둔 시점이었지."

"그래서 당신 안에 어떤 변화가 일어났나요? 이를테면 성품의 변화

라든가…….″

"기독교로의 회심에는 으레 성품의 변화가 따르기 마련일세. 그 회심이 진짜라면 말이야. 내 경우에는 변화가 점진적이었지. 《나니아 연대기》에서 내가 특히 좋아하는 등장인물 중 하나인 유스터스 클래런스 스크러브도 〈새벽 출정호의 항해 The Voyage of the 'Dawn Treader'〉에서 회심 비슷한 경험을 하네."

"그 이야기는 못 읽어본 것 같아요. 읽었다면 유스터스 클래런스 같은 이름을 기억 못할 리가 없을 테니까요."

"유스터스는 까탈스럽고 불평이 심한 아이였지. 그 아이는 이기심 때문에 용으로 변했는데, 이렇게 용으로 지내는 동안 보다 좋은 성품을 지니게 되었어. 사자 아슬란에 의해 원래의 모습을 되찾은 이후로 유스터스는 보다 나은 사람이 되었다네. 하지만 그의 이러한 변화는 결코 즉각적으로 이루어진 게 아니었어. 다른 회심자들과 마찬가지로 예전의 나쁜 습관으로 돌아갈 때도 있었지만 그래도 전체적으로는 치유가 일어났던 거지."

"유스터스는 어떻게 해서 원래의 모습을 되찾게 된 거죠?"

"아슬란이 유스터스를 우물에 던져넣고는 뱀이 허물을 벗듯 살가죽을 벗겨내라고 말해주었네. 유스터스는 세 차례나 살가죽을 벗겨냈지만 완전히 벗겨낼 수가 없었어. 결국 아슬란이 남은 살가죽을 벗겨내야 했지. 그때 유스터스가 느낀 고통은 이루 말할 수 없었다네."

"그러니까 물은 세례에 대한 메타포이고 사자는 하나님을 상징하는군요? 하나님만이 용의 비늘처럼 두터운 우리의 살가죽을 벗겨내 우리를 더 나은 사람으로 변화시킬 수 있고 말이죠?"

"내 소설에 대한 해석과 관련하여 이런저런 이야기를 늘어놓고 싶지는 않네." 잭이 말했다. 얼핏 그를 내려다보니 그는 고글 뒤에서 히죽 웃고 있었다.

"그럼 구원은요? 구원은 회심과 어떤 관련이 있죠?"

"회심은 우리를 구원으로 인도하지. 하나님은 그리스도가 우리를 위해 하신 일을 통해 우리를 죄악에서 해방시키시지만, 이런 해방 역시 하나의 과정일세. 우리는 매일같이 선택을 해야 하며, 크든 작든 이러한 선택의 행위가 우리를 하나님과 덕의 세계에 더 가까이 가게 해주거나 아니면 반대로 악과 그에 부수되는 모든 것에 더 가까이 가게 해주거나 한다네. 일생 동안 이루어진 그 모든 선택의 결과 우리는 천사처럼 되기도 하고 악마처럼 되기도 하는 거지."

"그렇다면 일단 구원을 받고 나면 그 상태가 영원히 유지되나요?"

"그건 사람에 따라 의견이 다를 수 있네. 자네도 알다시피 나는 되도록 '순전한 기독교'의 테두리 안에 머물고 싶은 사람이고, 기독교인들 사이의 불일치를 강조하고 싶은 생각은 없네. 만약 한 영혼이 다시 원수의 수중에 떨어진다면('만약'이라고 말했네) 그건 결국 그 사람 자신의 선택에 의한 걸세."

"'순전한 기독교'라는 게 뭐죠?"

"'순전한 기독교'라는 말을 내가 처음 사용했다고 생각하는 사람들이 많은데, 그건 잘못된 생각일세! 사실 내 생각의 대부분은 이전 시대 사상가들의 생각을 대중화시킨 것에 불과하네. '순전한 기독교'는 리처드 백스터에게서 빌려온 표현으로, 그는 1860년에 다음과 같은 글을 남겼지. '나는 기독교인이며, 다른 종교에 속하지 않는 순전한 기독교인이다. 내가 속한 교회는 기독교 교회이며…… 그러나 내가 어떤 교파에 속하는지를 굳이 알아야 하겠는가? 나는 모든 교파와 분파에 반대한다. 순전한 기독교란 시대를 초월하여 모든 기독교인이 믿어온 신앙의 핵심이다. 부활과 우리 주 예수 그리스도의 신성, 죄의 실재, 하나님의 은혜에 의한 인간 구원의 필요성 등과 같은……."

"당신은 순전한 기독교를 가지고 저를 기독교인으로 만드실 생각인가요?"

"나는 자네를 무엇으로든 만들 생각이 없네. 그건 자네에게 달린 일이지. 그러나 자네가 무신론자인 것을 보니 기독교로 돌아오기에는 아직 시간이 더 필요한 것 같군. 나는 단지 기독교를 믿는 이유와 기독교 신앙의 증거를 제시할 뿐이네. 종국에 믿고 안 믿고는 자네에게 달렸지. 하나님은 자네에게 선택을 허용하실 걸세. 비록 자네가 어떤 불행한 선택을 할지라도."

나는 도로변의 풍경이 눈에 띄게 달라진 것을 알아차렸다. 우리 앞에는 그리 멀지 않은 곳에 거대한 도시가 펼쳐져 있었다.

"런던이라네." 잭이 말했다.

 **방송국에 간 순전한 그리스도인**
공습을 피해 BBC 방송국 안으로 들어간다.
그리고 그 안에서 '순전한' 기독교와 예수에 대해 토론한다.

절대적 도덕률의
근거는 무엇인가?

　　　　　　　　　　잠시 침묵이 이어지는 동안 나는 잭의 회심에 대해 생각해보았다. 하지만 그 시간은 오래가지 못했다. 우리가 BBC 방송국으로 가는 동안 우리를 둘러싼 세상은 영화나 상상 속에서나 들어보았을 법한 폭음으로 진동했다. 공습경보가 울렸다. 땅이 흔들리는 바람에 오토바이가 급커브를 그렸다. 나는 속력을 늦췄다.

"자네 미쳤나?" 잭이 고함을 질렀다. "이건 대공습이라고. 비행기들이 안 보이나?" 그가 하늘을 가리켰다.

"무슨 말씀이세요?"

"독일군의 공격이 시작되었어! 어서 이곳을 빠져나가야 하네."

힐끗 위를 처다보니 무수히 많은 비행기에서 폭탄처럼 보이는 커다란 물체가 떨어져 내리고 있었다. 심장이 두방망이질을 쳤다. 나는 잭이 고함치는 방향으로 급히 오토바이를 몰았다. 우리가 BBC 방송국에 도착했을 때쯤에는 비행기들은 모두 사라지고 파괴된 건물의 잔해와 공포, 그리고 잭의 말마따나 결단만이 남았다.

나는 보다 안전한 곳으로 대피하려고 오토바이를 방송국 앞에 주차시켰다. 사이드카에서 내린 잭이 고글을 벗어 사이드카 안에 두었다. 우리는 함께 건물 안으로 들어갔다. 안내 데스크에는 아무도 없었다. 사실 건물 전체가 텅 비어 있었다.

"모두들 어디로 간 거죠?" 내가 물었다.

"모르겠네. 하지만 우리에겐 오히려 잘 된 일일세. 녹음실로 가세나."

"어떤 녹음실이요?"

"내가 라디오 강연을 녹음하던 곳, 나중에 《순전한 기독교》라는 책으로 묶여 나온 강연을 녹음한 곳 말일세."

잭은 방송국 지리를 잘 아는 듯했다. 가는 도중에 우리는 두 번 멈춰 섰는데, 한 번은 '제임스 웰치 박사'라는 명판이 붙어 있는 사무실 앞에서였고, 또 한 번은 '에릭 펜'이라는 명판이 붙어 있는 사무실 앞에서였다. 잭의 설명에 의하면 웰치는 BBC의 종교국 국장이었는데, 1941년 잭에게 라디오 강연을 할 의향이 있는지 물어왔다고 하며, 펜은 종교국 차장으로서 자연히 잭과 접촉할 일이 많았다고 한다.

잭이 그런 이야기를 하는 동안 웰치의 사무실에서 사람 목소리가 들려왔다. 잭이 사무실 문을 열고 들어갔다. 방안을 둘러보니 서류뭉치로 뒤덮인 책상과 루이스의 저서 《고통의 문제》, 사진 몇 장과 의자, 다이얼 전화기와 오래된 라디오 및 손때 묻은 타자기가 눈에 들어왔다.

"이봐요? 거기 아무도 없어요?" 라디오에서 깊고 성량이 풍부한 목소리가 지직거리는 소리에 섞여 단속적으로 들려왔다. 나는 라디오에서 방송 프로그램이 나오는 줄 알고 손을 뻗어 전원을 끄려 했다.

"잠깐." 잭이 말했다.

"왜요?"

"이봐요?" 라디오에서 또다시 목소리가 들려왔다.

"저 목소리의 주인공을 알 것 같네." 잭이 말했다.

"잭, 자넨가?" 목소리가 말을 계속했다. "나는 제임스일세. 제임스 웰치."

"대개 라디오는 저런 식으로 작동하지 않는데요." 내가 잭에게 속삭였다.

"그러게." 잭도 어리둥절한 표정이었다.

"제임스, 자네 목소리를 들으니 정말 좋구먼." 잭이 라디오를 향해 말했다. "그런데 왜 전화를 사용하지 않는 건가?"

"이게 더 편할 것 같았네. 특히 자네가 손님을 모셔왔으니 말이야, 안 그런가?"

"그렇군. 나와 함께 있는 친구는 토머스 클러크라네, 제임스." 웰치가 우리를 보지 못함에도 잭은 책상 위의 라디오에 얼굴을 바짝 갖다 대며 내게 가까이 오라고 손짓했다.

"BBC에 온 것을 환영하네, 클러크 군."

"감사합니다." 내가 말했다.

"잭, 지금은 공습이 멎은 듯하지만 조심해야 하네." 잡음 때문에 웰치의 목소리가 잘 안 들렸다.

"그러지, 제임스." 잭이 대답했다.

"통화하게 되어 반갑네, 클러크 군. 잭이 방송을 끝낸 이야기를 들려주던가?"

"아니요." 내가 말했다.

"내가 처음에 어떤 주제에 대해 강연을 해달라고 했지, 잭?"

"기독교와 현대문학에 대해서였네."

"맞아! 처음에 잭은 정중하게 거절했지. 그러나 평신도이자 한때 무신론자였던 사람으로서의 독특한 시각을 바탕으로 한 기독교 신앙에 대해 이야기해달라는 나의 두 번째 제안이 잭의 관심을 끌었네."

"그랬지." 잭이 말했다. "나는 자네에게 답장을 써서 자연법과 옳고 그름의 객관성에 대해 이야기해도 좋으냐고 물었네."

"강연을 그런 식으로 시작한 것은 천재적이었어." 웰치가 말했다. "내가 기억하기로 자네는 회개를 촉구하는 기독교의 메시지를 들을 준비가 안 돼 있는 사람들이 너무도 많다는 점을 걱정했네. 그건 그들에게 자연법과 하나님에 그 뿌리를 둔 절대적 도덕 기준에 대한 참된 지식이 없었기 때문이지. 그런 점에서 그들은 신약 시대의 청중들과는 많이 달랐네."

"옳은 말일세. 예수의 말씀을 들은 청중(주로 1세기의 유대인들)은 하나님과 (대부분 지키기 힘들다는 것을 그들도 알고 있는) 절대적 도덕 기준의 실재를 받아들였네."

"그렇군요." 나는 애매하게 말했다. "그런데 그 일을 왜 잭에게 맡기신 거죠?"

"왜냐고? 오, 기억나네." 웰치의 말에 또다시 잡음이 섞여들었다.

"나는《고통의 문제》를 읽고 감명을 받았다네. 개인적으로도 그렇고 지적인 면에서도 그렇고. 아주 좋은 책이었지."

"고맙네, 제임스." 잭이 말했다.

"천만에. 좋은 시간 보내게, 클러크 군. 잘 가게, 잭."

"잘 있게."

라디오에서는 잠시 잡음이 이어지다가 이윽고 대형 밴드의 음악이 울려 퍼졌다.

우리는 사무실을 나와 녹음실로 향했다. 현대의 첨단 기술에 익숙한 내 눈에 BBC 방송국의 장비는 예상했던 대로 몹시 낡아 보였다. 하지만 다이얼과 손잡이, 그리고 아마도 보이지 않는 곳에서 일하는 사람들을 위한 자리인 듯이 보이는, 유리 칸막이 안의 좁은 공간 등 흥미로운 것들이 많았다. 디지털 기기나 전산화된 장비는 전무했다. 녹음실 벽에는 아날로그 시계가 걸려 있었고, 테이블 위에는 'BBC'라고 쓰여 있는 커다란 마이크가 놓여 있었다. 잭은 그 테이블 앞에 놓인 의자에 앉으면서 내게도 앉으라고 손짓했다.

"그래, 내가 쓴《순전한 기독교》는 얼마나 읽었나?" 잭이 물었다.

나는 살짝 당황해서 대답했다. "머리말만 읽어봤는데요."

"좋아! 그렇다면 이번 기회에 그 책의 1부를 살펴보기로 하세. '옳고 그름, 우주의 의미를 푸는 실마리'라는 제목의 글 말일세."

"그러니까 하나님의 존재에 대한 도덕률 논증을 펼치신 거로군요?"

"그렇지."

"그거 흥미로운걸요. 저는 하나님에 대한 도덕률 논증들을 더러 읽어보았지만 그다지 설득력이 없더군요."

"내 말을 좀 들어보게나." 잭이 말했다.

"좋습니다."

"자네는 사람들이 논쟁하는 것을 들어보았나?"

"물론입니다."

"그렇다면 사람들이 논쟁을 벌이는 이유가 뭐라고 생각하나?"

"대개 두 집단의 의견이 상충할 때 각 집단에서 자기편이 옳고 상대편이 잘못되었음을 보여주려고 논쟁을 벌이죠."

"맞아. 그렇다면 논쟁을 벌이는 사람들이 어떤 기준을 상정해놓고 서로 간에 이 기준을 지킬 것으로 기대했다고 봐도 좋겠나?"

"그건 어떤 논쟁이냐에 따라 다르죠." 나는 잭의 의도가 훤히 내다보였지만, 그렇다고 그를 도와주고 싶은 마음은 없었다.

"예를 들어 자네가 연극을 보려고 줄서 있다고 가정해보세." 잭이 말을 이었다. "그런데 자네가 잠깐 한눈을 파는 사이에 내가 친구들과 함께 자네 앞에 끼어들었다면 자네는 어떻게 하겠나?"

"잘못을 지적하겠죠."

"만약 내가 동의하지 않는다면?"

"그럼 언쟁이 벌어지겠죠."

"옳은 말일세. 하지만 이 때 우리는 사람들이 서로에게 기대하는 어떤 행동을 기준으로 해서 언쟁을 벌이게 될 걸세. 예를 들어 야구 경기의 규칙이 바뀌지 않는 한 볼을 파울이라고 우겨보았자 소용없는 일이 아니겠나. 내가 말하고자 하는 바는 논쟁 이전에 그 논쟁을 가능하게 하는 행동 기준이 있어야 한다는 걸세. 이 기준을 사람들은 '인간 본성의 법칙' 혹은 '자연법'이라고 불러왔지."

"벌써 그런 결론에 도달하다니 비약이 좀 심하신 것 같은데요. 당신이 말씀하신 그 '기준'이 자연법인지 아닌지 어떻게 알지요? 그리고 설령 그렇다 하더라도 이러한 추론으로부터 신의 실재에 도달하는 게 어떻게 가능하지요?"

"자네가 기독교의 신을 말한 거라면, 이제까지 내가 한 말이 성경의 하나님을 직접적으로 지지하지는 않는다는 데에 동의하네. 나는 매사를 단계적으로 접근하려 하는 편이지. 기독교를 믿기에 앞서 먼저 하나님의 존재를 믿어야 한다는 데에는 자네도 동의하리라 생각하네만?"

"그건 말이 되는군요."

"나 역시 그렇게 생각하네. 내가 도덕률 논증을 통해 하고자 했던 것은 도덕률이 실재한다는 사실을 근거로 '정신(mind)'과 비슷한 무언가가 존재한다는 것을 보여주는 거였네. 이 무언가가 우리에게 도덕률을 주었네. 혹은 우리 안에 두었다고 말할 수도 있겠지. 여하튼 도덕률을 준 누군가가 없이 우리에게 도덕률이 있을 수는 없네."

"저는 그렇게 생각하지 않습니다." 내가 이의를 제기했다. "당신이 자연법이라고 부른 것은 단순히 사회적 관습일 수도 있습니다. 우리는 사회질서를 유지하기 위해 그 '법칙'들을 따르는 거고요. 아니면 순전히 생물학적인 법칙일 수도 있습니다. 이를테면 생존본능 같은 것 말이죠. 다윈주의 모델은 우리가 도덕 기준이라 여기는 것들을 설명해줍니다. '도덕 기준'이란 실은 진화의 부산물이거나 생존본능에 불과한 것이니까요."

"아닐세. 도덕률은 개인들 사이의 행동 기준을 규정하네. 자네의 '다윈주의' 모델은 이 점을 잘 설명해주지 못해. 모든 게 시간과 우연의 소산이고, 인격 내지 정신을 닮은 무언가로부터의 그 어떤 개입도 없다면 모든 게 자신이 선택한 곳에서 저절로, 그리고 우연히 생겨날 수밖에 없네. 하지만 임의적이고 비인격적인 우주가 개인 간 상호작용의 토대가 되는 기준을 만들어낼 수 있을까? 그건 무리일세."

"저는 만들어낼 수 있다고 봅니다. 당신은 마음만 너무 앞서가고 있어요. 도덕 기준이 신을 닮은 무언가에 기초한다는 주장은 물론, 이 도덕 기준이 실제로 존재한다는 주장조차 제대로 설명하지 못하고 계신다고요."

"마음이 앞선다는 말은 맞네. 방송 강연 초기에 나는 도덕률의 실재를 입증하려 애썼네. 기독교를 옹호하고 변호하려는 노력들(변증론)은 너무나 많은 사전 지식을 전제로 하고 있기 때문일세. 기독교가 의미가 있으려면 물론 하나님이 존재한다는 사실을 믿어야 하네. 그리고 도덕률을 어기는 데 대한 죄의식이 있어야 하네. 그렇지 않다면 기독교 복음은 아무 의미가 없어. 기독교는 회개를 촉구하지만 회개하기에 앞서 회개가 필요하다는 깨달음이 선행되어야 하네. 예수가 활동하던 당시인 1세기에는 사람들이 도덕률의 실재를 이해했네. 1940년대에는 그렇지 못했지. 자네 시대도 마찬가지이고."

"그러니까 사람들에게 전도를 하거나 개종을 시킬 목적으로 강연을 한 건 아니로군요?"

"그렇지. 그보다는 어떤 사람들이 '전도의 예비단계'로 여길 만한 일을 했네. 한때 무신론자였던 나로서는 열정적인 설교가 아니라 이성적 추론을 통해 사람들을 기독교로 인도하고 싶었고, 게다가 방송의 특성 상 시간이 제한되어 있어서 한 마디 한 마디를 세심하게 선별해야 했네. 따라서 나는 방송 강연을 시작하면서 첫째, 도덕률이 존재하며 이 도덕률이 우리를 일정한 방식으로 행동하게 만든다는 점과 둘째, 우리가 때때로 이 도덕률을 어긴다는 점을 보여주고자 했네. 이 초기 강연에서 나는 또한 절대적인 도덕률이 없이는 그 무엇도, 심지어 나치의 도덕조차도 (적어도 논리적으로는) 비난할 여지가 없음을 보여주고자 했네."

나는 전에도 이와 비슷한 이야기를 들은 적이 있다. 비록 나치 정권이 잔악한 만행을 저질렀을지라도 무신론자들은 그런 행위에 대해 반대할 근거가 없다는 식의 이야기들을.

"하지만 당신이 '나치의 도덕'이라 말씀하신 것과 같은 행동은 인간적인 판단에 의거, 비난을 받을 수도 있지 않을까요?" 내가 반박했다.

"그러나 무엇을 근거로 한 판단인가, 톰? 인류학자들이 문화적 상대주의의 틀을 제시한 이래 진리와 도덕 기준은 문화적 차이를 보이게 되었네. 사실이 그럴진대(본질적으로 모순이긴 하지만) 독일인들을 성토해보앗자 소용없는 일일세. 600만 유대인의 목숨을 앗아간 것은 단지 그들 문화의 요구에 부응한 것일 테니까 말이야. 거기에 누가 개입한단 말인가? 그러나 도덕률을 근거로 할 때 우리는 개입하지 않을 수 없네. 전 세계가 암흑 속으로 빠져들지 않도록 악은 정복되어야 하네."

"당신은 제게 도덕에 대한 개념이 없다고 여기시지만 그렇지 않습니다."

"알고 있네. 내 말의 요지는 자네에게 도덕관념이 있으며 또 있어야 한다는 걸세. 사도 바울이 로마서 2장에서 쓴 것처럼 그것은 나뿐만 아니라 자네의 마음에도 새겨져 있으므로. 다만 자네에겐 도덕관념의 참된 토대가 없을 뿐이네. 자네는 하나님을 부정하면서 도덕관념의 참된 토대에서도 떨어져나간 셈이지. 그것은 마치 자기가 걸터앉아 있는 나뭇가지를 잘라내는 것이나 다름없네."

"저는 그렇게 생각하지 않습니다."

"물론 그렇겠지. 안 그러면 하나님의 실재를 인정해야 하고, 그렇게 되면 확고한 무신론자로서의 자네의 신념체계 내지 세계관(Weltanschauung)이 무너져 내릴 테니까. 도덕률의 실재성을 받아들이기가 쉽지는 않을 거야. 나도 아네. 하지만 문제는 그것이 쉬운지 여부가 아니라 그것이 진리인가 여부일세."

"당신은 정말 도덕률이 실재한다고 생각하시는군요. 하지만 저는 그렇게 생각하지 않습니다."

"나는 실재한다고 믿네. 도덕률이 실재하기에 정의나 충성심 같은 개념도 존재하는 걸세. 초월적 입법자가 제시한 초월적 도덕률이 없다면 여하한 윤리적 시도도 혼란에 빠지고 말 거야. 그것이 자네들이 당면한 것과 같은 윤리적 이슈들이 제기된 이유지. 그리하여 '과학자가 과학 발전을 위해 온갖 방법을 동원해서 실험을 하면 왜 안 되는가?'라든가 '유전공학자가 인류의 지식에 보탬이 될 무언가를 하면 왜 안 되는가?' '언젠가 어떤 이들이 다른 사람들을 지배하고 '과학 발전'이라는 '대의'를 위해 그들을 실험에 사용하면 왜 안 되는가?' 같은 소리가 나오는 걸세. 결국 이 세상은 H.G. 웰스의 《모로 박사의 섬 The Island of Doctor Moreau》(동물 생체실험을 소재로 한 소설로, 인간의 잔인성과 과학만능주의의 오만을 보여준다.-역주) 같은 곳이 되고 말겠지. 책에 묘사된 것만큼 심각하진 않더라도 그와 아주 유사한 곳이 될 거야. 그런 사회는 그냥 내버려두면 인류를 파멸로 이끌고 말 걸세. 하나님의 도덕 기준을 벗어난 곳에는 아무것도 없네."

"그 이야기는 이제 그만 하기로 하죠. 당신은 앞으로 있을지도 모를 일에 대해 지나치게 과장하고 있어요. 제 생각에 그런 일들은 일어나지 않습니다. 앞에서 당신은 절대적 도덕률의 배후에는 도덕률을 제시한 이(당신이 하나님이라고 믿는)가 있다고 하셨지요?"

"그랬지."

"그런 생각에 무슨 문제점은 없습니까?"

"무슨 문제 말인가?"

"이 도덕률이라고 하는 것은 하나님이 도덕률로 정했기 때문에 도덕률인 겁니까, 아니면 그것이 옳기 때문에 하나님이 도덕률로 정한 겁니까?"

"아, 에우티프론의 딜레마 말이로군. 플라톤의 논의(혹은 제자들에 의해 제시된 소크라테스의 논의)를 이렇게 간결하게 요약하다니 참으로 훌륭하네." 잭이 말했다. "나는 전에 〈주관주의의 폐해 The Poison of Subjectivism〉라는 논문에서 이 문제를 다룬 적이 있지."

아, 그 점을 미리 생각했어야 했다. 잭이 어딘가에서 다루지 않은 주제가 과연 있기나 했던가?

"《대화 Dialogue》에서 소크라테스는 이렇게 말하지. '경건한 이들은 경건하기 때문에 신의 사랑을 받는가, 아니면 신의 사랑을 받기 때문에 경건한가?' 자네가 말한 대로 요는 하나님이 사물을 선하다고 선포했느냐, 아니면 선의 원천이 되는 무언가가 있어서, 이를 하나님이 인정했느냐 하는 걸세. 나는 에우티프론의 딜레마를 형성하는 두 가지 의견 모두 받아들이기 힘들다고 보네. 하지만 그렇기 때문에 딜레마인 거지. 에이티프론의 딜레마는 잘못된 대안을 제시하는 논리적 오류를 범했네. 이 두 개의 대안 말고 또 다른 해결책, 철학 용어로 '테르티움 쿠이드'라고 하는 제3의 길이 있을 거야. 하나님은 본질적으로 선하신 분이시네. 하나님은 선이시고 선은 하나님이야. 그렇다면 도덕은 임의적인 것도 아니고 하나님을 벗어나서 존재하는 것도 아닐세. 그보다는 하나님의 속성에 뿌리내리고 있지. 하나님은 변함이 없으시기에 그분의 윤리 기준 또한 변함이 없다네."

"말씀은 잘 들었습니다만 잭, 별로 공감이 가지는 않는군요. '도덕률'에 대한 우리의 반응이 단순히 본능적인 것이라고 생각할 수는 없을까요?"

"군중심리 같은 것 말인가? 본능적 반응들은 서로 갈등을 일으키기도 하는데, 우리는 보다 약한 본능 내지 충동에 질 때가 더러 있네. 따라서 군중심리는 도덕률에 대한 타당한 설명이 되지 못한다는 결론이 나오지. 만약 군중심리로 도덕률을 설명할 수 있다면 우리는 늘 보다 강한 충동에 이끌려야 하지만, 우리가 늘 그런 것은 아니지 않나. 두 개의 본능 내지 충동이 서로 갈등을 일으킬 때 실은 제3의 힘이, 두 개의 충동 사이에서 판단하고 결정하는 무언가가 작용하고 있는 것일세. 이 제3의 힘은 다른 두 충동과는 별개의 것으로, 사실 그 힘의 정체는 우리가 옳은 선택을 하도록 압력을 가하는 도덕률이라네."

"또다시 속은 듯한 기분이 드는 걸요." 내가 말했다. "제3의 힘이 작용하는지 여부를 어떻게 알죠? 그것이 단순한 생물학적 본능이 아니라는 것을 어떻게 증명하나요?"

"내 말의 요지를 100퍼센트 확신을 가지고 증명할 수 있다고는 말하지 않았네. 군중심리와 관련한 조금 전의 이야기는 도덕률의 실재를 지지하는 여러 증거들 중 하나일세. 비록 도덕률의 실재를 반대하는 쪽에서는 그 반대하는 근거로 군중심리 같은 본능을 들고 있지만 말이야. 그들이 제시하는 또 다른 논거로는 자네가 앞서 말한 사회적 관습이 있지."

"소위 '도덕률'이라고 하는 것을 주입하는 사회적 관습을 말씀하시는 거라면, 동의합니다. 우리에게 도덕률을 강제하는 것은 사회 환경과 문화적 배경과 교육이니까요."

"조금 더 자세히 설명해보게." 잭이 말했다.

"도덕률은 단지 인간의 전통일 뿐입니다." 내가 대답했다. "어린아이에게 우리가 옳다거나 그르다고 생각하는 것들을 가르치면 그 아이는 자라서도 그러한 가치체계와 도덕률을 고수할 게 분명합니다. 부모의 실수가 평생 아이들을 따라다니는 거죠."

"따라다니다니, 그게 무슨 말인가?" 잭이 물었다.

"사람들은 실수를 하거나 어리석은 행위를 할 수가 있는데 그런 행위들로 인해 당신이 '도덕' 이라 일컫는 것들 또한 한 세대에서 다음 세대로 전해질 수 있다는 뜻입니다. 사회적, 도덕적으로 조건화된 것들로부터 벗어나 실재를 있는 그대로 보는 것은 (비록 소수일지는 몰라도) 무신론자들입니다."

"종국에 그들이 맞닥뜨리게 되는 것은 암울한 우주일세. 많은 무신론자들의 영웅인 버틀런드 러셀조차도 이 점을 알고 있었네. 그가 《자유인의 예배A Free Man's Worship》에서 뭐라고 썼는지 아는가? '인생은 덧없고 미약하도다. 온 인류를 향해 서서히, 그러나 확실히 다가드는 암울하고 무자비한 운명이여. 선악을 모르고 파멸을 개의치 않는 전능한 질료의 가차 없는 행보여. 오늘 사랑하는 이를 잃은 인간은 내일이면 그 자신도 암흑의 문을 통과하리.' 라고 썼다네. 참으로 유쾌한 사람이 아닌가. 최소한 그에게는 불신앙의 논리적 귀결점이 어디인지를 인정하는 용기가 있었네. 물론 그의 관점에 의하면 용기의 토대가 될 만한 것은 아무것도 없지만. 이제 다시 진리의 문제로 돌아가세. 만약 무신론이 진리라면 그 결과가 아무리 삭막하고 황폐할지라도 이를 받아들여야 하겠지. 그러나 만약 그렇지 않다면 우리는 진리를 알아야만 하네. 사회적으로 조건화되었다고 해서 도덕률을 벗어날 수 있는 것은 아니니까."

"왜 못 벗어난다는 거죠?"

"우리가 무언가를 배웠다고 해서 그 무언가가 인간의 발명품이라고 할 수는 없는 노릇일세. 수학의 예를 들어볼까? 2 더하기 2가 4인 이유는 우리가 이를 받아들이도록 조건화되었기 때문인가, 아니면 조건화와 상관없이 수학의 해는 늘 참이기 때문인가? 우리가 다른 사람들로부터 도덕률을 배운다는 데에는 나도 동의하네. 우리가 배운 것들 중에는 사회적 관습에 불과한 것도 있지만 수학적 진리와 마찬가지로 누구나가 다 아는 도덕률의 실재에 그 뿌리를 둔 것도 있네. 사실 우리가 진리를 배우는 것도 그 때문이고 말일세. 모든 이가 마음속 깊은 곳에서는 진리를 알고 있네. 내가 묻고자 하는 것은 누가 그 진리를 우리 안에 두었는가 하는 것일세. 내 생각에 이 도덕률의 배후에 있는 힘 내지 안내자는 하나님일세."

"제게 기독교를 증명해보이고 싶으신 건가요?"

"아닐세! 기독교를 증명하기에는 아직 멀었네. 내가 도덕률 논증을 펼친 것은 정신을 닮은 무언가가 존재한다는 것을 보이고자 함일세. 이 정신은 옳고 그름에 관심이 있고, 따라서 이를 우리 안에 심어주었네. 그런 존재가 하나님이 아니라면(혹은 하나님과 대단히 흡사한 무언가가 아니라면)나는 이를 무어라 불러야 좋을지 알지 못하네. 그러나 도덕률 논증은 기독교 하나님의 실재를 증거하는 데 필요한 예비 작업에 불과하네."

"그럼 그 예비 작업에 성공하셨나요?"

"나의 논증을 공정한 시각으로 살펴보면 이점이 없지 않네. 나는 도덕률 논증을 통해 기독교의 하나님을 드러내는 데 지장을 주는 모든 방해 요소를 다 제거하려 하지는 않았네. 자네는 기독교를 증명할 단 하나의 논증을 원할지 모르겠지만 사실상 기독교 진리를 증거할 추론은 몇 가지가 된다네. 내가 보여주고자 했던 또 한 가지는 우리가 스스로의 노력으로 꽤 멀리까지 나아갈 수 있다는 거였네. 나는 도덕률을 논하면서 (신학자들이 '특별 계시'라 부르는) 성경이나 그리스도의 말씀에 의존하지 않았네."

"그렇다면 당신의 도덕률 논증에서 얻을 수 있는 것은 무엇입니까?" 나는 여전히 회의적이었다.

"도덕률은 궁극적 실재를 드러내 보여주는 실마리, 그것도 아주 큰 실마리일세. 그러나 우리가 도덕률의 실재와 그 배후에 무언가가 존재한다는 사실을 직시하지 않는 한 기독교 신앙의 두 가지 요건인 회개와 용서는 아무 의미가 없네. 도덕률의 실재를 받아들이면, 혹은 적어도 그 가능성에 마음을 열면 도덕률의 배후에 어떤 힘이 존재한다는 사실을 받아들이기가 그리 어렵지 않을 걸세. 그리고 만약 우리가 이 도덕률을 정기적으로 어길 경우 이는 우리가 이 힘의 호의를 입지 못하리라는 것을 말해주네. 기독교의 메시지가 효력을 발휘하는 것은 이 단계에서일세."

"그래도 아직 풀리지 않은 의문이 많은 걸요."

"그렇지. 완벽한 논증이 아니었다는 것은 나도 아네." 잭이 말했다. "어떤 이들은 그런 논증에서부터 멀어져 이신론자가 됨으로써 매일의 일상과는 전혀 상관없는, 멀리 떨어져 있는 신을 믿는가 하면 어떤 이들은 악을 다룰 힘이 없는, 능력이 제한된 신을 믿고, 또 어떤 이들은 자신들이 수년간에 걸쳐 이 도덕 기준을 어겨왔음을 깨닫고 절망에 빠지네. 기독교가 우리에게 참된 희망을 주는 것은 바로 이 대목에서일세."

"그리고 또 어떤 사람들은 노골적으로 당신의 논증을 거부할 테고 말이죠." 내가 중얼거렸다. 나는 전에도 도덕률 논증들을 들은 적이 있다. 무신론자에게 있어서 초월적 인격에 뿌리를 둔 도덕률의 실재를 인정하는 것은 물론 위험한 일이다. 만약 도덕률 논증이 성공적이라면 무신론자는 의존할 무언가, 즉 어떤 초월적 존재(만약 신이 아니라면 신과 매우 흡사한)를 인정해야 하는 딜레마에 빠지게 된다. 이 딜레마를 해결하기 위해 무신론자는 초월적 도덕 기준의 실재를 부인해야 하지만, 그렇다고 해서 도덕 자체를 포기해야 하는 것은 아니다. 도덕은 유신론 이외의 토대에서 성립되어야 한다. 잭의 말도 일리가 있지만 내 무신론은 뿌리가 깊었다.

"당신은 기독교가 희망을 준다고 말씀하시지만" 하고 내가 말했다. "그건 기독교가 진리일 경우에만 그렇습니다. 기독교가 진리인지 아닌지 어떻게 알 수 있지요?"

"그건 우리가 그리스도를 어떻게 생각하느냐의 문제로 귀착되네. 그리스도 자신이 제자들에게 그 질문을 던지셨지. '너희는 나를 누구라 하느냐?' 하고 말일세. 이 질문에 대한 대답이 관건일세."

"당신의 대답은 물론 그리스도가 하나님이라는 거겠죠?"

"당연하지. 하지만 다양한 가능성을 제시하는 게 공정하다고 생각하네. 그래서 방송 강연에서도 그렇게 했지. 내가 제시한 '놀라운 대안'은 그리스도가 그 자신의 주장대로 성육신하신 하나님이라는 걸세. 이보다 더 훌륭한 설명도 없다고 보네."

"또 다른 가능한 대답들로는 어떤 의견을 갖고 계신가요?"

"의견? 나는 이 문제에 대해 아무런 의견이 없네. 이건 논리의 문제일세."

그의 말에서 또다시 커크패트릭이 연상되었다. 조심해야 하겠다.

"신약을 보면 그리스도는 스스로를 하나님이라 주장한 게 분명하네." 잭이 말했다.

"그런가요?"

"문맥을 고려해서 읽으면 확실히 그렇다네."

"예수가 자신이 하나님이라 선언한 구절을 구체적으로 말씀해주실 수 있나요?"

"예수가 아주 명쾌하게 자신의 신성을 주장한 것은 아닐세. 적어도 현대의 독자들 눈에는 그렇게 비칠 거야. 하지만 그래도 굳이 한 대목을 예로 들자면 요한복음 8장에 나오는 유대인들과의 대화 장면을 꼽겠네. 56절에서 예수는 '너희 조상 아브라함은 나의 때 볼 것을 즐거워하다가 보고 기뻐하였느니라' 라고 말하네. 57절에서 유대인들은 예수가 오십 세도 채 못 되었다고 반박하지만 예수는 자신이 아브라함을 보았다고 주장하네. 그는 '진실로 진실로 너희에게 이르노니 아브라함이 나기 전부터 내가 있느니라'라고 대답하지. 이 때 '내가 있느니라'라는 말에 사용된 단어는 출애굽기 3장 14절에서 하나님이 자신의 이름을 모세에게 알려주실 때 사용하신 바로 그 단어(가장 오래된 희랍어 구약성경인 70인역 성경에 '에고 에이미'로 나오는)로, 예수가 이 단어를 사용한 사실을 유대인들은 예수가 자신의 신성을 주장한 것으로 받아들였네. 사실 그 다음 절에서 그들은 예수가 스스로를 하나님이라 주장했다는 이유로 돌을 들어 그를 치려 하지."

"당신 말씀이 옳다 해도 예수가 직접 자신이 하나님이라고 말한 건 아니잖아요."

"자네는 핵심을 놓치고 있어, 톰. 예수는 수차례에 걸쳐 자신이 곧 하나님임을 시사했네. 요한복음에 나오는 유대인들과의 대화 장면은 그 한 예에 지나지 않아. 예수는 또한 자신에게 죄를 용서할 권한이 있다고 주장했네."

"그게 뭐 대순가요? 그렇다고 해서 그가 하나님이 되는 것도 아닌데. 용서야 저도 할 수 있다고요."

"설명을 좀더 들어보게." 잭이 말했다. "누가복음 5장 20절에는 중풍병자가 지붕을 통해서 집 안으로 들어가는 장면이 나오네. 예수는 중풍병자에게 그의 죄가 사해졌노라고 말하지. 자, 이제 내가 자네의 발을 밟았다고 한번 가정해보세. 자네가 너그러운 마음으로 나를 용서해준다면 이는 극히 자연스러운 일일세. 그러나 우리가 이 문제에 대해 뭐라 말하기도 전에 제3자가 와서 내게 '당신이 톰의 발을 밟은 것을 용서해 드리죠'라고 말한다면, 그건 좀 이상하지 않겠나? 그런데 그리스도가 바로 그런 행동을 한 걸세. 예수 당대의 유대인들은 그의 언행을 다시 한 번 분명하게 해석하네. 누가복음 5장 21절에서 그들은 '오직 하나님 외에 누가 능히 죄를 사하겠느냐?'라고 말하지."

성경 구절을 찾는 일에 관한 한 확실히 잭을 당해낼 재간이 없었다. 나는 접근방식을 달리하기로 했다.

"그렇다면 논의를 위해서 예수가 자신의 신성을 주장했다 치죠. 하지만 그게 신빙성이 있다고 누가 장담하나요? 예수의 제자들이 이야기를 꾸며내거나 윤색했을 수도 있지 않을까요?"

"그게 바로 성경을 신화나 전설로 해석하는 관점일세, 톰. 시간 부족으로 방송 강연에서 그 부분을 다루지 못한 게 유감이네. 나는 문학을 연구하는 학자로서 신화와 전설에 대해 잘 알고 있네만 복음서는 결코 신화나 전설로 읽히지 않네. 훌륭한 신화 문학과 비교해서 신약 성경의 기자들은 글 쓰는 게 너무 서툴러. 그들에게는 신화나 전설에 대한 취향이 보이지 않네. 게다가 신약의 일부는 자유주의적인 학자들조차도 인정했듯 그리스도 사후 20년 이내에 쓰여졌네. 전설이 형성되기에는 너무 짧은 시간이지. 만약 복음서의 내용이 거짓이라면 예수 당대에 생존해 있던 많은 사람들이 항의했겠지만, 그런 일은 일어나지 않았네."

"그렇지만 훗날 교회 측에서 성경 필사본의 내용을 고쳤을 수도 있잖아요."

"필사본과 관련한 증거는 그 이론을 뒷받침하지 않네. 신약은 믿을 수 없을 만큼 신빙성이 있다네."

"그러니까 당신 의견으로는, 아니 당신의 결론에 의하면 그리스도가 스스로를 하나님이라 주장했고, 당신은 그가 전설 속의 인물임을 부인한다는 거로군요?"

"바로 그렇다네. 예수가 거짓말쟁이이거나 미치광이였을 가능성도 고려해볼 수는 있겠지. 하지만 우리가 아는 바에 비추어볼 때 예수가 거짓말쟁이라고 생각하는 것은 무리일세."

"왜요?"

"그의 성격이나 윤리적 가르침을 고려하면 당연히 그렇지 않겠나? 무신론자들(역사적 예수의 실재성을 부인하지 않는)조차도 예수의 도덕 기준이 주목할 만한 가치가 있음을 인정한다네. 예수는 성격적으로 거짓말을 할 수 없는 분이었네. 오히려 그 반대였지. 그는 무슨 말을 하기에 앞서 '내가 진실로 진실로 너희에게 이르노니' 같은 말을 덧붙이곤 하던 분으로, 결코 거짓말쟁이가 아니었네. 예수는 그 스스로도 말했듯 '진리에 대하여 증언하려'(요한복음 18장 37절-역주) 이 땅에 오셨네."

"그가 미치광이였을 가능성은요?"

"성경의 증거나 올바른 해석에 근거하여 예수가 미치광이라고 주장한 명망 있는 학자가 있다면 한번 대보게."

"알베르트 슈바이처는 예수가 정신적으로 문제가 있다고 믿었다고 들었습니다만."

"슈바이처가 쓴 《예수에 관한 정신병리학적 연구 The Psychiatric Study of Jesus》에 대한 이야기인가?"

"책 제목은 정확하게 기억나지 않는데요." 잭은 또다시 나보다 한 발 앞서 있었다.

"슈바이처는 그가 생각한 결론에 도달하기 위해 성경 본문을 곡해했네. 그는 예수가 무화과나무를 시들게 한 일이나 예루살렘 성전에서 채찍을 휘두르고 상을 엎은 일이 그의 정서 불안을 보여준다고 주장했지. 예수가 정신 이상이라는 결론을 끌어내기 위해 성경을 자의적으로 해석한 셈일세. 그러나 복음서를 정직하게 읽었을 때 우리에게 다가오는 전체적인 예수상은 광인의 이미지가 아니네. 그러니까 그리스도는 거짓말쟁이도 아니고 전설 속의 인물도 아니고 미치광이도 아닌 거지. 예수는 자신이 하나님이라고 주장했네. 나는 방송 강연을 통해 짧게나마 이와 관련된 기본적인 사항들을 다루었다고 생각하네."

"그렇지만 그리스도가 보통의 인간이었다고 생각할 수는 없을까요? 물론 위대한 인물이긴 하지만 그래도 어쨌든 하나님이 아니라 인간이었다고 말이에요."

"이런!" 잭이 웃음을 터뜨렸다. "만약 내가 아무 근거 없이 그런 말을 한다면 나는 제정신이 아닌 걸세. 예수처럼 말하고 행동하는 사람은 보통 사람이 아니네. 게다가 성경 기록에 의하면 예수가 스스로를 하나님이라 주장한 게 분명하네. 따라서 우리는 또다시 예수가 하나님이라는 결론에 이르게 되지. 그리스도는 자신의 죽음과 부활을 예언하셨을 뿐만 아니라 실제로 죽은 자 가운데서 살아나심으로써 자신의 주장을 입증했네."

"글쎄요. 당신의 말씀은 너무나 잘 짜여 있어요. 마치 예수가 하나님이라는 것 외엔 다른 대안이 없다는 듯이. 어쨌든 당신은 성경을 자기에게 유리한 쪽으로 사용하고 있어요."

"그렇다면 예수가 누구인가 하는 질문에 대한 답을 성경적·역사적 증거와 함께 조리 있게 설명해보게. 나는 들을 준비가 돼 있으니까." 잭은 의자 뒤로 몸을 기댔다.

"이건 제 생각은 아니지만, 어쨌든 저는 예수가 동방으로 여행을 가서 구루에게 가르침을 받았다는 이야기를 들은 적이 있습니다. 어쩌면 예수는 구루가 아니었을까요?" 내 의도와는 달리 마지막 말은 대답이라기보다는 질문처럼 들렸다. 나는 지푸라기라도 잡고 싶은 심정이었다. 잭의 논리가 겉으로 보이는 것처럼 빈틈이 없으리라고는 생각하지 않지만 나는 잭만큼 두뇌 회전이 빠르지는 못했다.

"그렇게 말하는 자네도 그 이야기를 믿고 있지는 않은 것 같은데, 톰? 예수가 구루에게서 그렇게 배웠기 때문에 스스로를 하나님이라 주장했다고 말하는 것은 신약의 맥락을 전적으로 무시한 처사일세. 우리가 신약에서 접하는 사람들은 주로 1세기의 유대인들이네. 그들은 인격적이고 초월적인 유일신을 믿었지. 간단히 말해서 그들은 유신론자들이었네. 예수는 모든 것이 신의 일부라고는 결코 가르치지 않았네. 범신론자가 아니었던 거지. 그는 유신론자였어. 그가 하나님이라는 결론은 유효하네. 가장 좋은 해결책은 그리스도가 그 스스로 누구라고 주장하는 바로 그분이었고, 지금도 그분이라는 걸세. 이를 어떻게 받아들일지는 자네에게 달렸네."

잭은 벽시계를 쳐다보았다. "오 이런, 가야할 시간이군! 늦으면 안 되는데."

"이제 어디로 가는데요?" 내가 물었다.

"물론 다른 곳으로." 잭이 미소 지으며 말했다. 그는 자리에서 일어났고, 우리는 녹음실을 나왔다.

"이번에는 승강기를 타고 가세." 잭이 엘리베이터를 가리키며 말했다. 나는 하행 버튼을 누르고 기다렸다. 잠시 후 엘리베이터 문이 열렸다. 우리는 안으로 들어갔다. 방송국 건물에는 9층이 없었음에도 잭은 4번과 9번 버튼을 눌렀다. 우리는 아래로 내려가기 시작했는데, 잠시 후 이상한 움직임이 감지되었다.

"옆으로 이동하는 건가요?"

"그럴 수도 있겠지." 잭이 말했다. "한참을 더 가야 한다네."

문이 열리자 밤하늘과 가로등이 늘어서 있는 거리가 보였다.

"저기일세." 잭이 어떤 건물을 가리켰다. 흘깃 그 쪽을 보니 정면에 '독수리와 아이' 라는 간판이 내걸린 건물이 있었다.

#08

술집에 모인 친구들

술집에 들어가지만 맥주는 마시지 못하고
잉클링즈 회원들과 함께 사랑과 우정 및 이성에 관해 토론한다.

사랑, 우정, 이성을 지닌
인간이 우연의 소산인가?

"옥스퍼드 세인트 자일스 거리 49번지라네." 잭이 말했다. 나는 그제야 잭이 엘리베이터의 4번과 9번 버튼을 누른 이유를 알 것 같았다.

나는 네모난 간판을 올려다보았다. 선명한 푸른색 바탕에 아기를 데려가는 거대한 갈색 독수리 그림이 그려져 있고, 그 밑에 '독수리와 아이(Eagle and Child)'라고 쓰여 있었다.

"우리는 이곳을 '새와 아기(Bird and Baby)'라고 불렀지." 잭이 말했다. "이 건물이 얼마나 오래됐는지는 모르지만 17세기(1650년)부터 술집으로 사용되어 왔다네. 사실 우리는 20년도 넘게 이곳에서 모임을 가졌지. 비록 1962년에 모임 장소를 맞은편의 '양과 깃발(Lamb and Flag)'로

옮겼지만," 잭은 멀리 보이는 또다른 건물을 가리켰다. "'새와 아기'는 20년 이상 우리가 정기적으로 모임을 가진 곳이라네."

건물 자체는 별로 특별할 게 없었다. 문이 하나뿐인 소박한 입구를 지나면 바로 술집으로 이어졌다. 잭은 영국의 '펍(pub)'은 미국인들이 생각하는 '바(bar)'와는 조금 달라서 레스토랑과 비슷한, 친목 모임을 하기에 알맞은 곳이라고 설명해주었다. 문의 양옆에는 흰색 창틀이 수직으로 이등분된, 똑같이 생긴 창문이 달려 있었다. 문의 아래쪽 절반쯤은 검은색이고 나머지는 베이지색이었지만 어둠속에서는 잘 구분이 안 갔다.

"안으로 들어가 볼까?" 잭이 문을 열며 말했다.

입구의 바와 스툴을 보자 의사의 금지 명령에도 불구하고 차가운 맥주가 마시고 싶어졌다. 하지만 잭이 성큼성큼 걸어 들어가는 바람에 바를 자세히 살펴볼 여유가 없었다. 우리는 안쪽의 방(잭이 '토끼굴'이라 부르는 응접실)으로 갔다. 작은 난로가 방안을 덥혀주고 있었지만 그리 따뜻하지는 않았다. 응접실 안에는 세 사람이 있었는데, 그 중에는 J. R. R. 톨킨도 있었다. 우리가 들어오는 것을 가장 먼저 알아차린 사람이 톨킨이었다.

"톨러스!" 잭은 반갑게 인사를 하다가 톨킨의 파이프를 떨어뜨릴 뻔했다.

"잭," 톨킨이 미소 띤 얼굴로 잭을 반겼다. "다시 보게 되어 반갑네. 그리고 톰," 그는 잠시 말을 멈췄다. 어쩌면 내가 입고 있는 헐렁한 작업복을 보았는지도 모른다. "자네도 다시 만나 반가우이."

구석에 앉아 있던 덩치 큰 사람이 컵을 비운 뒤 일어서서 우리 쪽으로 건너왔다.

"워니, 함께 있어서 다행이야." 잭이 말했다.

"내가 '새와 아기'에 올 기회를 놓칠 리가 있나." 잭의 형인 워런 루이스가 말했다. "더들은 무사하지?"

"물론 무사하고말고." 잭은 이렇게 말한 후 짐짓 진지한 표정을 지으며 덧붙였다. "비록 버스에 받힐 뻔한 적도 있고 런던에서는 폭탄 세례를 뚫고 달려야 했지만 말이야."

잭의 형은 얼굴을 찌푸렸다. "그런데 이 사람은 누구지?" 그가 나를 가리키며 말했다.

"워니, 이 사람은 톰이야. 요즘 나랑 같이 여행을 하고 있지. 톰, 이쪽은 우리 형 워런 루이스 소령이라네." 워니가 내 쪽을 향해 고개를 끄덕였다.

세 번째 사람은 아직 테이블 앞에 앉아서 수첩에다 뭔가 열심히 끼적거리고 있었다. 비쩍 마른 체형의 그는 헝클어진 검은 머리에 검은 테의 둥근 안경을 끼고 있었다. 그에게서는 뭔가에 몰입해 있는 분위기가 풍겼다. 잭이 그의 맞은편에 앉고 나는 잭 옆에 앉았다. 톨킨이 수첩에다 뭔가를 적어 넣고 있는 그 사람 옆에 앉고, 워니는 테이블 끄트머리에 있는 의자에 앉았다.

"찰스!" 잭이 주먹으로 수첩 근처를 내리치며 소리 질렀다. 나는 깜짝 놀랐지만, 글을 쓰고 있던 그 사람은 잠깐 고개를 들어 쳐다볼 뿐이었다. 마치 새로운 방문객이 도착한 것을 이미 알고 있었던 듯이.

"어서 오게, 잭." 그 사람이 차분한 목소리로 말했다.

"톰, 이 사람은 찰스 윌리엄스라네. 찰스, 이쪽은 톰 클러크일세." 우리는 악수를 나누었다.

톨킨이 끼어들었다. "오늘밤엔 웬일인가? 잉클링즈 모임 때문인가?"

"잉클링즈가 뭔데요?" 내가 처음으로 입을 열었다.

"잉클링즈는 우리 친구들 간의 모임으로, 우리는 이 모임을 통해 각자 쓰고 있는 책에 대해 의견 교환도 하고 원고를 읽어주기도 하곤 한다네. 톨러스는 여기서 《반지의 제왕》 원고를 읽었고, 워런은 17세기 프랑스 역사서의 일부를 발췌해서 낭독했으며, 찰스도 그가 쓴 책의 일부를 낭독했지."

찰스 윌리엄스와 그의 저서들은 내게는 생소했다. 잭이 그런 내 생각을 읽었는지 이렇게 말했다.

"물론 찰스 역시 훌륭한 작품들을……."

"T. S. 엘리엇이 '초자연적 스릴러'라고 했지, 아마?" 워니가 말했다.

"맞아. 초자연적 스릴러를 썼지. 《천국에서의 전쟁 War in Heaven》,《만성절 전야 All Hallow's Eve》, 《음부로 내려감 Descent Into Hell》같은 작품들이 있다네. 나는 특히 《사자의 자리 The Place of the Lion》를 좋아했지." 잭의 칭찬에 윌리엄스가 미소 띤 얼굴로 살짝 얼굴을 붉혔다.

"당신도 원고를 낭독했나요, 잭?" 내가 물었다.

"그랬다네." 톨킨이 말했다. 그는 담배에 불을 붙이려는 듯 성냥을 그었다. "잉클링즈 모임에서 나온 자네의 첫 번째 주요 저서가 뭐였지, 잭? 《고통의 문제》였던가?"

"그랬던 것 같아."

"잭은 그 책을 우리에게 헌정했지." 워니가 말했다.

"잠깐만." 잭이 나를 보며 말했다. 갑자기 나와 잭을 제외한 나머지 사람들의 동작이 멈췄다. 톨킨의 성냥에서 피어오르는 연기는 그대로 허공중에 걸렸고, 불꽃도 사진 속의 불꽃처럼 흔들림이 없었다. 윌리엄스는 안경을 고쳐 쓰려는 듯 두 개의 손가락으로 안경테를 쥔 채 오른 손으로 톨킨을 가리키고 있었다.

"무슨 일이죠?" 내가 놀라서 물었다.

"때때로 누군가를 알아가는 데에는 몇 년이 걸리지." 잭이 말했다. "물론 그보다 덜 걸릴 때도 있고. 하지만 잠시 내 친구들에 대해 설명을 들으면 그들을 이해하는 데 도움이 될 걸세. 톨킨은 전에도 만났지? 자네는 《반지의 제왕》을 읽었다고 했네만 그는 판타지 소설 이외에도 많은 업적을 남겼다네. 톨킨은 내가 이 세상에 태어나기 6년 전인 1892년에 남아프리카공화국에서 태어나 나와 마찬가지로 1차 대전에 참전했네. 언어와 신화에 조예가 깊은 훌륭한 학자였지. 나는 1926년에 옥스퍼드에서 그를 처음 만났는데, 그 때 일기장에다 톨킨은 나쁜 친구는 아니지만 한 방 맞아야 정신을 차릴 거라고 썼던 기억이 나는군." 잭이 웃음을 터뜨렸다.

"저 사람은요?" 나는 윌리엄스를 가리켰다.

"찰스는 조금 다른 부류지." 잭이 아직도 손가락을 안경테에 가져다댄 채 정지된 시간 속에 굳어져 있는 윌리엄스를 보며 말했다. "그러나 같은 면도 있다네. 우리는 모두 이야기를 좋아했고, 그런 점에서 찰스와도 잘 맞았지. 그는 학위를 가지고 있다는 의미에서의 학자는 아니었을지 몰라도 수십 년 간 옥스퍼드대학교 출판부에서 편집위원을 지냈으며, 독서량이 방대했네. 평범해 보이는 외모에도 불구하고 매력적인 인물이었지. 나는 책을 쓰는 데 있어서 그에게 빚진 게 많아. 특히 《그 가공할 힘》이 그랬지. 《그 가공할 힘》은 내가 쓴 최초의, 그리고 아마도 유일한 '초자연적 스릴러' 일 걸세. 1886년생인 찰스는 세상에 나올 때도 나와 톨러스보다 일찍 나오더니 세상을 뜰 때에도 우리를 앞질렀네. 1945년에 갑작스러운 죽음을 맞았으니까. 소중한 사람을 잃은 게 그 때가 처음은 아니었지만, 그래도 찰스의 죽음은 내게 크나큰 상실감을 안겨주었지……."

잭이 잠시 말이 없어서 나는 깜짝 놀랐다. 잭도 다른 사람들과 마찬가지로 조각상처럼 굳어지면 어쩌나 하는 생각이 들었기 때문이다. 잭이 정지된 시간 속에 갇히면 나는 어찌할 것인가?

"그리고 워니가 있네." 잭이 테이블 끄트머리에 앉아 손가락으로 톨킨을 가리키고 있는 자기 형을 보며 말했다. "워니는 형이자 친구였어. 군인인 동시에 학자였고. 술을 너무 좋아해서 탈이었네만……. 물론 형에게도 빚진 게 많네. 우리는 어렸을 때 함께 상상의 나라, 즉 복센과 인도 등으로 구성된 동물나라를 만들었어. 동물들이 말을 하고 정치적 음모가 지배하는 그런 나라였지. 오래 전에 내 영혼을 뒤흔든 장난감 정원을 보여준 사람도 워니였어. 그 장난감 정원은 여러 해 동안 맛보지 못한 기쁨에 대한 갈망과 동경을 내 안에 일깨워 주었지. 자, 그럼 다시 토론으로 돌아가 볼까?"

"물론 그래야죠." 내가 말했다. 그 즉시 모두의 움직임이 되살아났다. 톨킨의 성냥에 붙은 불은 파이프 담배에 불을 붙이기도 전에 꺼져 버렸고, 윌리엄스는 안경을 고쳐 썼으며, 워런은 손을 내렸다.

"그래, 맞아. 잭이 잉클링즈에 헌정한 것은 《고통의 문제》였어." 톨킨이 말했다.

"그런데 우리가 왜 여기 모인 거지, 잭?" 윌리엄스가 나지막한 목소리로 물었다.

"톰 때문이라네." 잭이 내 쪽을 쳐다보며 말했다.

"톰에게 무언가를 해줘야 하나? 아, 그가 신예작가라거나 그의 두터운 원고뭉치를 읽고 평을 해달라거나 하는 말은 하지 말아주게."

"그런 게 아닐세! 우리는 그저 대화를 나눌까 해서 온 것뿐이라네."

"그거야 어렵지 않지." 윌리엄스가 말했다. "그런데 무슨 이야기를 나누지?" 그는 안경을 살짝 밀어올린 후 나를 빤히 쳐다보았다. 다른 사람들도 나를 쳐다보았다.

"여러분은 모두 절친한 사이니까 거기에 대해 말씀해주시면 좋을 것 같은데요." 나는 무슨 말을 해야 좋을지 몰라서 이렇게 말했다. 비록 잠시 후면 잭이 내 영적 상태와 인생의 궁극적 질문들에 대한 이야기를 꺼내겠지만, 일단은 우정이 안전한 주제인 것 같았다.

"그렇다면 잭의 《네 가지 사랑 The Four Loves》에서부터 시작하는 게 좋겠군." 톨킨이 말했다.

"네 가지 사랑이 뭔데요?" 내가 물었다.

"물론 스토르게, 필리아, 에로스, 아가페를 이른다네." 톨킨이 한 단어 한 단어를 말할 때마다 불이 붙지 않은 파이프 담배로 허공을 찌를 듯이 하며 대답했다.

"손님을 위해 좀더 자세히 설명해보게나." 윌리엄스가 말했다.

"실은 저도 그 중 몇 가지에 대해서는 들어보았어요. 하지만 어느 것 하나 자세히 알지는 못한답니다." 내가 말했다.

톨킨이 일어나서 방 안을 몇 발짝 걷더니 말을 시작했다.

"잭은 네 가지 사랑을 주제로 라디오 강연을 한 후(잭은 정말 라디오 체질이지)《네 가지 사랑》이라는 책을 썼는데, 여기서 그는 그리스어로 각각 '스토로게,' '필리아,' '에로스,' '아가페' 라고 하는 네 가지 사랑에 대해 탐구했다네. 우정은 필리아에 해당하지."

"필리아는 피상적인 우정(그런 게 있다면 말이지만)과 구별되어야 하네."

"필리아는 우리가 나란히 서서 같은 것에 감탄할 수 있게 해주고,
에로스는 사랑하는 사람들이 서로 마주보고 설 수 있게 해주네.
그러나 아가페는 우리에게 신의 사랑이라는 선물을 안겨주지."
"아가페는 모든 사랑을 포괄하는 사랑이로군요?"
"그렇지. 자비가 없이는 다른 사랑들도 약해져서 힘을 발휘하지 못한다네.
하지만 이 고통스러운 세상에서 진정한 행복은 대부분 참된 우정에서 비롯된다네."

월리엄스가 말했다.

"자, 잭의 말을 좀 들어보자고!" 워런이 말했다.

"필리아적 의미에서 우정을 논했을 때 나는 참된 우정에 대해 이야기한 거였네. 공통의 관심사를 추구하며 함께 즐거워하고 서로간의 의견 차이에도 불구하고 오래 지속되는 그런 우정 말일세. 필리아가 종종 잘못 이해되는 데에는 두 가지 주된 이유가 있네. 첫째는 필리아를 경험한 사람들이 많지 않다는 점이고, 둘째는 필리아가 동성 간에 생겨나는 감정이니만큼 동성애적 요소가 내포되어 있을지도 모른다는 두려움이지."

아직 서 있던 톨킨이 입에 물고 있던 파이프 담배를 빼서 잭을 가리켰다.

"말도 안 되는 소리! 에로스와 필리아가 여러 면에서 다르다는 것은 나도 알고 자네도 아네."

"물론 그렇지." 잭이 대답했다. "그러나 그 두 가지가 섞일 때가 있다네. 예컨대 결혼관계에서 그런 것처럼 말일세. 여하튼 앞에서도 말했듯 많은 사람들이 참된 필리아를 경험하지 못하고 있네."

"왜 그렇게 생각하지?"

워런이 묻자 월리엄스가 끼어들었다.

"자네도 잘 알고 있을 텐데, 워런. 우리는 점점 더 파편화 되어가고 속도를 중시하는 문화에 살고 있네. 나와 내가 누리는 즐거움, 그리고 물질적 부와 성공을 추구하는 데 초점이 맞추어진 환경에서는 참된 우정을 쌓아갈 여지가 거의 없네. 참된 우정이 형성되는 데에는 시간이 걸리지만 이렇게 파편화된 문화에서는 그럴 만한 시간이 없는 거지." 윌리엄스가 나를 향해 희미하게 웃어보이고는 다시 수첩에 무언가를 끼적거리기 시작했다.

"하지만 필리아에도 위험은 있네." 톨킨이 말했다.

"위험? 물론 필리아에도 위험이 있고말고." 잭이 말했다.

"내부 패거리." 윌리엄스가 속삭였다.

"그렇지! 내부 패거리가 문제일세." 잭이 말했다.

"'내부 패거리'라뇨?" 내가 말했다.

"음, 그건 잭이 《그 가공할 힘》에서 설득력 있게 묘사한 개념이기도 하고 그가 쓴 글의 제목이기도 하다네."

"내부 패거리란 불건전한 당파심을 조장하는 소수의 엘리트 그룹을 말하네. 내부 패거리 안에는 참된 우정이 존재하지 않으며, 그런 그룹의 일원이 되고자 하는 사람은 힘과 우월감을 추구할 뿐이네. 그런 그룹은 교만을 낳지. 만약 그런 그룹의 구성원들이 스스로를 다른 사람들보다 더 우월하다거나 더 낮게 생각할 경우 내부 패거리 신드롬은 필리아를 기초로 한 관계에서도 생겨날 수 있네. 예를 들어 잉클링즈도 비록 필리아를 기반으로 하고 있지만 내부 패거리로 변할 수 있다는 이야기일세."

"그럼 스토르게와 에로스, 아가페는요?" 나는 내 그리스어 발음이 정확한지에 대해 확신이 안 서는 가운데에도 이렇게 물었다.

"스토르게는 사랑이라기보다는 친밀감에 가깝지." 윌리엄스가 말했다. "사랑이 아니라는 게 아니라 다른 종류의 사랑이라는 뜻일세. 예를 들어 우리는 사람뿐 아니라 동물에게도 스토르게를 느낀다네."

"맞아. 스토르게는 연인들 간의 사랑인 에로스와는 다르네. 찰스는 낭만적인 사랑과 관련하여 이 개념을 발전시키려고 꽤나 애를 썼지."

"제법 진전도 있었다네." 윌리엄스가 말했다.

"아가페는요?" 내가 물었다.

"그건 자비일세." 워런이 대답했다.

"그렇지." 톨킨이 덧붙였다. "하지만 우리는 또다시 말로 표현하기 힘든, 혹은 적어도 그 참된 의미를 포착해내기 힘든 지점에 이르렀네. '신적인 사랑'이라고 해야 할까……."

"신적인 사랑은 과연 지고한 사랑이네." 잭이 말했다. "소중히 간직

해야 할 위대한 선물이지. 오직 하나님만이 우리와 우리의 삶에 진정한 의미를 부여해주실 수 있는데, 그 분은 이 일을 주로 그의 신적인 사랑을 통해 행하신다네. 필리아는 우리가 나란히 서서 같은 것에 감탄할 수 있게 해주고, 에로스는 사랑하는 사람들이 서로 마주보고 설 수 있게 해주네. 그러나 아가페는 우리에게 신의 사랑이라는 선물을 안겨주지."

"아가페는 모든 사랑을 포괄하는 사랑이로군요?" 내가 물었다.

"그렇지. 자비가 없이는 다른 사랑들도 약해져서 힘을 발휘하지 못한다네. 하지만 그렇다고 해도 참된 우정은 대단히 소중한 것일세. 이 고통스러운 세상에서 진정한 행복은 대부분 참된 우정에서 비롯된다네."

"합리적인 결론인 것 같군요." 내가 말했다.

"'합리적'이라는 말이 나와서 하는 이야기인데 톰, 자네는 합리적인 친구야. 그런데 내 눈에는 이성을 신봉하는 자네의 이성에 커다란 구멍이 뚫려 있는 게 보이네."

"무슨 뜻이죠?" 나는 잭의 입증된 토론술에 경계심을 품으며 물었다.

"아, 이성을 위한 이성이라." 워니가 미소를 머금은 채 손가락 관절로 테이블을 툭툭 치며 말했다. "아직도 그 때의 네 논증이 효과적이었다고 생각하는 거야? 앤스컴과의 그 일이 있은 이후에도?" (루이스는

《기적》이라는 책에서 자연주의가 자기모순이라는 논증을 펼쳤는데, 앤스컴이 이 같은 루이스의 논증에 방법상의 오류가 있음을 지적하였다-역주)

"앤스컴이 누구죠?" 내가 물었다.

"나도 그 때 일에 대해 물어보고 싶었네." 윌리엄스가 말했다.

"오, 엘리자베스 이야기를 하기에 앞서 잭에게 하던 이야기를 마저 할 기회를 주세." 톨킨이 말했다. "앤스컴은 기독교의 오류를 입증하려 한 게 아니야. 그녀는 그냥 나처럼 어머니이신 교회를 소중히 여겼을 뿐이네."

"그렇고말고, 톨러스." 잭이 대답했다. "음, 자네에 대한 이야기로 돌아가서 톰, 자네는 합리적인 친구일세. 올바른 결론에 도달할 만큼의 이성을 지닌 사람이지. 내 말이 맞나?"

"물론이죠." 내가 말했다. "이성은 제대로만 사용하면 많은 것을 알려줍니다. 죽었다가 다시 살아나는 신의 이야기 따위를 다루는 신화나 동화에도 이성을 적용할 수 있겠지만, 일반적으로 이성은 진리와 오류를 찾아내는 데 있어서 필수 불가결하다고 생각합니다."

"그럴 테지, 젊은이." 워니가 말했다.

"나는 자네가 인간을 시간과 우연의 산물, 즉 방향 지워지지 않은 진화의 임의적 결과물로 본다고 생각하는데, 맞나?" 잭이 말했다.

"제가 그렇게 말했는지는 확실치 않지만, 무신론자의 관점에서 볼 때 인간이 우연의 소산인 것은 분명합니다." 내가 말했다. 그러자 잭이 커크패트릭에게 이런 식으로 말하던 게 기억났다.

"그렇다면 자네는 인간의 이성을 어떻게 설명하겠나?" 잭이 천천히 또박또박 말을 이었다. "만약 인간이 우연의 소산이라면 우리의 이성 또한 우연의 소산인데, 그런 이성을 어떻게 믿을 수 있겠나? 무작위로 생겨난 이성이 진리를 포착할 수 있다고 누가 그러던가? 자연주의의 토대 위에서는 이성을 믿을 이유가 없네."

"계속 하시죠." 내가 말했다.

"홀데인 교수의 말을 인용하는 게 좋겠는 걸." 톨킨이 제안했다.

"좋은 생각일세, 톨러스." 잭이 말했다. "홀데인은 기독교 신자는 아니지만 이렇게 말했네. '만약 내 정신작용이 순전히 뇌 속 원자의 운동에 의해서만 결정된다면 내가 믿고 있는 것이 진리라고 생각할 이유가 없다…… 따라서 내 뇌가 원자로 구성되어 있다고 생각할 이유도 없다.'"

나는 잭에게 해줄 말을 찾느라 머릿속이 분주했다. 한편으로는 잭이 좋은 지적을 해준 것 같기도 했다. 무신론적 관점에서 볼 때 '방향 지워지지 않은 진화'의 임의적 결과물에 불과한 이성을 우리는 왜 믿는 것일까? 그러나 다른 한편으로는 잭이 트릭을 쓰는 것 같기도 했다. 마치 '하나님은 존재하는 게 틀림없다. 그는 우리가 생각할 수 있는 가장 위대한 존재이므로.' 하는 식의 터무니없는 존재론적 주장을 이끌어낸 영리한 철학자처럼. 잭이 파놓은 함정에 빠지지 않도록 조심해야 한다. 그리고 내가 내린 결론에 확신을 가져야 한다.

"글쎄요, 인간의 이성이 어느 정도까지는 진리를 파악할 수 있는 게 분명합니다." 내가 말했다. "예를 들어 우리는 과학 실험을 성공적으로 수행하고 수학 문제를 풀어 올바른 결론에 도달할 수 있습니다."

"그러나 자연주의의 토대에서 어떻게 우리의 추론 능력을 믿을 수 있단 말인가?"

"무슨 말씀이신지 잘 모르겠군요, 잭. 어쨌든 우리는 지금 추론을 하고 있어요. 그런데 우리에게 추론 능력이 없다고 말씀하시는 건가요?"

"아니, 그런 말이 아닐세. 우리에게 추론 능력이 있고 우리가 지금 추론을 하고 있다는 데 동의하네. 내가 반대하는 것은 자연주의를 전제로 우리의 추론이 타당하다고 주장하는 걸세."

"내 생각에," 하고 톨킨이 끼어들었다. "잭이 말하고자 하는 것은 만약 인간이 정말로 우연의 소산이고 어떤 우주적 지성이 아니라 방향 지워지지 않은 진화의 산물이라면 이성을 믿을 이유가 없다는, 혹은 이성을 설명할 근거가 없다는 걸세."

"계속하게!" 워니가 큰 소리로 말했다.

톨킨이 목청을 가다듬고 말했다. "하지만 앤스컴이 한 말에 대해서는 어떻게 생각하나? 그녀는 자네의 글에 문제가 있다고 보았네."

"처음에는 그랬지." 잭이 말했다. "그러나 원고를 수정한 이후로 훨씬 나아졌다고 칭찬해주었다네."

나는 시간도 벌고 궁금증도 해결할 생각으로 물었다. "앤스컴이 누군데요?"

"G. E. M 앤스컴. 혹은 엘리자베스 앤스컴이라고도 하지." 워런이 말했다. "엘리자베스 앤스컴은 철학자인 동시에 로마 가톨릭 신자로……."

"그래서 어쨌다는 겐가?" 톨킨이 웃으며 말했다.

"맞아," 워런이 말했다. "엘리자베스는 철학자인 동시에 기독교인이었지. 어느 날 저녁 옥스퍼드 대학교의 '소크라테스 클럽'이라는 모임에서 그녀는 잭의 책 《기적Miracles》에 대해 잭과 논쟁을 벌였네. 문제가 된 부분은 잭이 방금 전에 말한 것과 비슷한 내용(자연주의의 토대 위에서 이성을 믿을 이유가 없다는)을 다룬 장(章)이었지. 앤스컴은 잭의 논증에 결함이 있음을 발견했네."

"어떤 사람들은 잭이 엘리자베스의 철학적 일격에 무너지고 말았다고 주장했다네." 톨킨이 말했다. "잭이 좌절해서 다시는 변증론을 쓰지 않을 거라고들 했지." 톨킨은 웃음을 터뜨렸다.

"쓸데없는 소리!" 잭이 미소 지으며 말했다. "엘리자베스는 좋은 지적을 해주었네. 내가 《기적》 재판을 찍을 때 내용의 일부를 수정한 것도 그 때문이지. 그럼에도 불구하고 나는 여전히 나의 논증에 취할 점이 있다고 생각하네. 어쨌든 지금 나의 대화 상대는 엘리자베스가 아니지 않은가? 게다가 워런의 말처럼 엘리자베스는 기독교 신자였네. 그녀는 철학자로서 비평을 가했고, 그 결과 내 글은 설득력을 잃었다기보다는 좀더 예리해졌지."

우리는 조금 더 대화를 나눴다. 주로 잉클링즈 회원들이 서로를 놀려대는 이야기였다. 잠시 후 잭이 일어섰다. 우리는 작별인사를 나눈 뒤 응접실을 떠나 입구 쪽으로 나왔다. 잭은 워런을 따로 불러내어 부탁했다.

"워니, 이 작업복과 장화를 팩스퍼드에게 전해주면 고맙겠는데."

"그러지."

"하지만 제가 아직 입고 있는데요, 잭!" 내가 항의했다.

"그럼 벗게. 다음에 갈 곳에는 작업복과 장화가 필요 없을 테니."

"확실한가요?"

"그럼. 다음에 갈 장소에는 지금까지 다녀온 그 어떤 곳보다 환자복이 잘 어울릴 걸세."

나는 잠시 주저하다가 조심스럽게 작업복을 벗어서 워런에게 넘겨주었고, 워런은 그것을 가지고 응접실로 돌아갔다.

"이제 어떻게 하죠?" 내가 물었다. 환자복만 걸치고(발은 또다시 맨발이었다.) 술집에 서 있으려니 기분이 이상했다.

잭이 바 뒤로 걸어 들어가 내게 술잔을 건넸다. 나는 '드디어 영국 술집에서 시원한 맥주를 마시는구나!' 하고 생각했다.

"한 잔 들이켜게." 잭이 말했다. "물이라네."

"물이라고요? 보다 독한 걸로 하면 안 될까요?" 내가 물었다.

"의사가 허락하지 않을 걸세, 톰. 자네가 이렇게 된 데에는 술도 한 몫 하지 않았나?"

"그렇죠. 하지만…… 음, 물을 마시다니, C. S. 루이스보다는 루이스 캐럴 쪽에 더 가까운걸요?"

나는 신선한 물을 단숨에 들이켰다. 잔을 다시 바에 내려놓으려고 하는 순간 잔도, 바도 사라지고 없었다. 잭은 나를 어디로 데려온 걸까?

#09 루이스 부인과 슬픔의 의미

사랑스러운 루이스 부인을 만나 사랑과 결혼 및 '시간과 관련한 속물근성'에 대한 이야기를 나누고 슬픔의 문제와 씨름한다.

악의 문제의 정서적 측면에 어떻게 대처하는가?

우리는 이제 '독수리와 아이'에 있지 않고 병원의 복도 같은 곳에 서 있었다. 나는 잠시 방향감각을 잃고 예전의 내 병실로 돌아왔나 보다고 생각했다. 그러나 주위를 자세히 살펴보니 낯선 곳이었다.

"잭, 여긴 어디죠?"

"윙필드-모리스 정형외과 병원이라네. 나는 여기서 결혼했지. 음, 두 번째로."

"두 번째로요?"

"전에 다른 여인과 결혼했었다는 이야기가 아닐세. 나는 아내 조이가 영국에 머물 수 있도록 1956년 시청에서 법적인 결혼식을 올렸네.

그러고는 1957년, 이곳 병원에서 종교적인 결혼식(우리가 하나님 앞에서 부부로 맺어지는 진정한 결혼식이라고 생각하는)을 올렸지. 나를 따라오게."

우리는 잠시 복도를 걸어 내려갔다. 환자복이 잘 어울리리라는 잭의 말은 옳았다. 내가 입은 환자복은 다른 환자들이 입고 있는 옷과 똑같지는 않았지만 어느 정도 비슷해서 다른 사람들이 쳐다보거나 하지 않았다. 물론 다른 사람들과 대화를 나눠보기 전에는 내가 다른 사람들의 눈에 보이는지 안 보이는지도 알 수 없는 노릇이었지만.

나는 잭을 따라서 몇 사람이 같이 쓰는 커다란 병실로 들어갔다. 우리는 여러 개의 병상 중 하나에 다가갔다. 그 옆에는 젊은 신부가 앉아 있었는데, 입고 있는 신부복으로 보아 잭이 속한 성공회의 신부 같았다.

병상에 누워 있는 여인은 얼굴이 안돼 보였다. 병원에서 결혼할 당시 그녀는 40대 초반이었다고 하는데도 10년은 더 나이 들어 보였다. 몇 개의 베개로 받쳐놓은 그녀의 검은 머리가 밝은 색 시트와 선명한 대비를 이루었다. 그녀는 뿔테안경을 끼고 있었고, 즐거워 보였다.

"잭! 오늘 이렇게 일찍 올 줄은 몰랐는데요." 그녀가 말했다.

"조이, 당신도 알다시피 인생은 예기치 못한 것들로 가득하다오." 잭은 허리를 굽혀 여인을 안아주었다.

신부가 일어나서 우리를 맞았다. "이렇게 보다니 반가워요, 잭." 그는 손을 내밀며 말했다.

"나도 반갑네, 피터. 자네를 보면 늘 반가우이. 이쪽은 내 친구 톰일세. 톰, 이쪽은 피터 바이드 신부라네. 여기 조이의 침대 옆에서 우리의 혼인예식을 주관했지. 피터가 결혼식을 집전하고 치유를 위한 기도를 올려준 데 대해 우리 부부가 얼마나 고마워하고 있는지 모른다네."

"별것도 아닌데요, 뭘."

"아냐, 정말 고맙네. 톰, 피터가 아니었다면 우리는 결혼식을 올리지도 못했을 걸세. 조이가 한 번 결혼한 적이 있기 때문에 우리가 결혼하는 게 옳으냐 옳지 않으냐 하는 문제로 혼란이 있었다네. 피터는 옥스퍼드 주교의 명을 거역하고……."

"잭, 그 이야기는 그만하세요." 신부가 미소를 지으며 말했다. "지금도 충분히 곤경에 처해 있으니까. 괜찮다면 두 분을 루이스 부인에게 맡기고 저는 그만 가보겠습니다." 바이드 신부가 정중하게 말한 후 병실을 나섰다.

"조이, 이쪽은……" 루이스가 나를 소개하려 했다.

"톰이죠. 아까 들었어요. 성은 뭐지요?"

"클러크입니다." 내가 말했다.

"토머스 클러크로군요. 아니면 회의자라고 불러야 할까요? 제 소개를 하지요. 나는 헬렌 조이 데이빗먼 그레섬 루이스인데, 그냥 조이라고 불러줘요. 안 그러면 너무 복잡해지니까. 이름이 이렇게 길지 않았으면 좋았으련만……."

나는 그녀가 내민 손을 쥐고 흔들었다. "고맙습니다. 만나서 반갑습니다."

"그건 두고 볼 일이에요, 클러크 씨." 그녀가 대답했다.

"톰이라고 불러주세요."

"어쨌든 당신은 미국인이로군요. 어쩐 일로 잭을 따라 여기까지 오게 된 거죠?" 그녀는 또렷한 뉴욕 식 억양으로 말했다. 나중에 들으니 브롱스에서 자랐다고 한다.

"설명하자면 조금 복잡합니다. 저는 무신론자이고……."

"잘 됐군요! 나도 무신론자였어요. 물론 공산주의자이기도 했지요. 지금은 기독교 신자인 유대인이랍니다. 아니면 유대인 기독교 신자라고 해야 하나? 어느 쪽이지요, 잭?" 농담조의 말투로 보아 그녀는 대답을 기대하지 않는 듯했다.

"당신은" 하고 잭이 말했다. "사랑스러운 여인이오…… 그리고 내

아내지."

잭은 침대 가장자리에 앉아 내게 바이드 신부가 앉았던 의자에 앉으라고 손짓했다. "나는 톰과 여행 중이라오. 우리는 갖가지 흥미로운 주제에 대해 토론해왔소. 우리가 여기 온 것은 당신 때문이지."

"기분 좋은데요."

"우리는 사랑과 결혼 같은 것들에 대해 토론해볼까 하는데, 당신 생각은 어떻소?"

"물론 괜찮고말고요." 조이가 대답했다. "저는 어디 안 간답니다."

나는 어디서부터 시작해야 할지 몰라 난감했다. 두 사람은 내가 무슨 말을 하기를 기다리며 나를 쳐다보았다. 어색한 상황이었다. 나는 잭과 조이에 대해 별로 아는 바가 없었다. 영화 〈섀도우랜드 Shadowlands〉(C. S. 루이스와 조이 그레셤의 사랑을 그린 영화-역주)에서 앤서니 홉킨스가 잭의 역을 맡았다는 생각이 떠올랐지만, 영화 내용은 잘 기억이 안 났다.

"어디서부터 시작해야 할지 모르겠군요." 내가 말했다. "두 분은 어떻게 해서 만나시게 되었나요?"

"서신 교환을 통해 알게 되었어요." 조이가 말했다. "나는 그때 기독교를 믿기 시작한 지 얼마 안 됐을 때인데, 부분적으로는 잭의 책에 영향을 받았지요. 그래서 잭에게 편지를 썼답니다."

"워니가 처음 그 편지를 읽어주었을 때 나는 특별한 관심을 느꼈네. 그 편지에는 보낸 사람의 위트와 지성이 뚜렷이 드러나 있었어. 그래서 답장을 썼지."

"우리는 한동안 편지를 주고받았고," 조이가 말했다. "그 후 내가 두 아들(데이비드와 더글러스)을 데리고 잭을 보러 왔답니다."

"우리는 친구가 되었지."

"물론 우리는 친구였어요!" 조이가 말했다.

"우리는 사랑에 빠졌고," 잭이 말했다. "결국 결혼하게 되었지."

"두 분의 결혼관은 기독교의 결혼관에 부합하는, 조금 구시대적인 결혼관이었겠군요?" 내가 잭을 쳐다보며 물었다. 실은 '구닥다리 결혼관'이라고 말하고 싶었지만 부인 앞이라 차마 그렇게 말할 수가 없었다.

잭은 약간 어리둥절해하며 말했다. "시간과 관련한 속물근성이로군."

"뭐라고요?"

"오," 조이가 말했다. "그건 잭이 오래된 것은 고려할 가치가 없다는 식의 사고방식을 꼬집을 때 쓰는 말이랍니다."

"그렇다네." 잭이 말했다. "기독교의 결혼관이 '구시대적'이라는 자네의 말은 시간과 관련한 속물근성을 드러내 보여주고 있어. 중요한 것은 결혼에 대한 기독교의 관점이 옳으냐 그렇지 않으냐 하는 걸세. 하지만 이야기를 계속하기에 앞서 자네가 어떤 의미에서 '구시대적'이라고 했는지 들어보고 싶군."

"제 말은, 결혼에 대한 기독교의 가르침이 요즘의 시대상황과는 어울리지 않는다는 뜻입니다. 일부일처제 및 이혼과 관련한 기독교의 가르침은, 제 생각에는 청교도 시대의 잔재 같아요. 문명이 발달하면서 순결과 같은 개념은 도외시되고 있습니다. 기독교의 성 억압보다는 성 해방 쪽이 보다 합리적이지요."

"잭, 토론이 쉽지 않겠는데요!" 조이가 웃음을 터뜨렸다. "그동안 톰 때문에 생각이 많았겠어요." 그녀가 부드럽게 잭의 손을 쥐었다. "그런데 피곤해 보이네요. 당신 괜찮아요?"

"괜찮아질 거야." 잭이 대답했다.

"재미있는 것은 톰," 조이가 말했다. "기독교인의 결혼을 주제로 강연할 때 잭이 아직 미혼이었다는 거예요!" 그녀는 또다시 웃음을 터뜨렸다.

"그랬지." 잭이 말했다. "그렇지만 중요한 것은 결혼했느냐 여부가 아니라 성경과 성경이 가르치는 결혼관을 어떻게 받아들이느냐 하는 걸세. 나의 결혼관은 하나님이 계시하신 결혼관과 일치하네. 하지만 자네는 한 가지를 잘못 이해하고 있네, 톰."

"그게 뭔데요?"

"자네는 '성 해방'과 '성 억압'을 구별했네, 그렇지 않나?"

"그랬지요. 기독교는 자연스러운 성충동과 성행위를 억압함으로써 많은 사람들에게 신경증적 손상을 가했어요."

"그런데 성 해방은 부작용이 없다는 말이죠?" 조이가 냉소적으로 말했다.

"톰, 자네는 기독교가 성행위를 경시한다고 생각하지만 사실은 그렇지 않네. 제대로 된 성경 해석에 의하면 기독교는 성행위와 육체적 쾌락을 긍정하네. 하나님은 그의 피조물이 육체의 즐거움을 누리는 데 반대하지 않으시네. 물질세계의 창조자이신 그 분은 물질을 악으로 보고 정신을 선으로 보는 영지주의자들과는 달리 물질을 좋아하신다네. 여하튼 물질은 하나님이 만드신 거야. 기독교 및 결혼에 대한 논쟁의 핵심은 성적인 즐거움이 평생을 함께하기로 한 한 남자와 한 여자를 위해 예비되어 있다는 성경 해석과 관련이 있네. 사실 기독교인들에게는 전적인 금욕 아니면 결혼이라는 두 가지 선택권이 있을 뿐이네."

"또다시 구시대적 견해를 드러내시는군요." 내가 말했다.

"조심해요, 톰." 조이가 손가락을 흔들며 말했다. "그러다가 결국 '시간과 관련한 속물근성' 소리를 듣게 될 테니."

"당신의 주장은 말이 안 돼요, 잭." 내가 말했다. "인간은 진화한 동물이에요. 우리를 기독교적 성도덕이나 결혼관에 붙들어둘 도덕 기준은 없다고요. 물론 사회의 기능이 제대로 유지되게끔 이 문제와 관련한 몇 가지 규칙을 세워둘 필요는 있겠지만, 이는 단지 사회가 잘 굴러가도록 돕기 위한 사회적 계약일 뿐입니다."

"축하하네, 톰." 잭이 말했다. "자네는 우리의 주된 차이점을 짚어냈어. 무신론자인 자네는 인간을 '진화한 동물' 이상으로는 생각지 않지. 그러나 기독교인들은 인간을 하나님의 형상대로 지음 받은 특별한 존재로서, 창조주가 허락하신 범위 안에서 기능할 때 최상의 기능을 발휘한다고 보네. 기독교에서는 결혼이 평생 간다고 가르치는데, 이는 우리의 기쁨이나 즐거움을 망치려 함이 아니라 하나님이 정해주신 범위 안에서 우리의 즐거움을 더하게 하려 함일세. 성적 연합은 결혼생활을 위한 거지. 성경은 남편과 아내가 '한 몸'이 된다고 가르치고, 사실 우리는 부부가 됨으로써 정신적으로나 육체적으로 하나의 유기체가 되네.

"그럼 이혼에 대해서는 어떻게 생각해요?" 조이가 말했다. "톰은 이 문제에 대해서도 물어봤어요. 어쨌든 나도 이혼한 적이 있고요."

"이혼이 복잡한 문제라는 것은 나도 인정하네." 잭이 말했다. "하지만 세부사항과 관련한 교파별 시각차에도 불구하고 기본적으로 모든 기독교 교회에서는 이혼을 매우 심각한 문제로 받아들이고 있네. 이상적으로는 이혼 같은 것은 있어서는 안 되겠지. 결혼은 아무 때나 파기할 수 있는 단순한 계약이 아니네. 결혼관계는 평생 유지되며, '한 몸'이 분리된다는 것은 중대사건이네. 마치 하나의 유기체를 둘로 가르는 외과 수술 같은 거지."

이 마지막 말이 나를 강타했다. 어쨌든 나는 이혼 전에 5년간 결혼생활을 유지해왔다. 내가 정말 하나의 유기체를 둘로 가르는 일에 참여한 걸까? 때때로 그런 느낌을 받기도 했지만, 그 말을 액면 그대로 받아들일 수는 없었다. 잭도 그런 뜻에서 한 말은 아닐 것이다. 아마 기독교적 결혼관계 안에서 두 사람이 정말 하나의 유기체처럼 가까워진다는 뜻으로 한 말일 것이다.

우리는 조이와 좀더 이야기를 나눴다. 잭처럼 그녀도 자주 웃었다. 잠시 후 우리는 그녀를 쉬게 두고 다시 병원 복도를 걸어 올라갔다. 잭이 문을 열었다. 나는 주차장이 나오리라고 예상했지만, 내 예상은 완전히 빗나갔다.

"여기가 어디지?"

놀랍게도 이렇게 말한 사람은 잭이었다. 나는 그곳을 너무 잘 알고 있었다.

"아니, 이럴 수가." 나는 말이 잘 안 나왔다. "지금 뭐하시는 겁니까?" 나는 잭을 노려보며 좀더 크게 말했다.

"내가 말인가?"

"네, 당신이요! 지금 내 감정을 가지고 장난치는 겁니까, 뭡니까?"

"분명히 말하지만 톰, 나는 여기가 어딘지 모르네. 하지만 전쟁터까지 다녀온 마당에 어딘들 못 가겠나?" 잭이 침착하게 말했다.

"아니요! 이건 모두 내 머릿속에서 일어난 일입니다. 환각이라고요. 나는 몸 상태가 안 좋아요…… 여기 있을 순 없어요."

"여기가 어딘데 그러나?" 잭이 어리둥절한 표정으로 방 안을 둘러보았다.

"우리 집이에요." 나는 말을 더듬었다. "오래 전, 내가 결혼해서 살던……."

"하지만 여기는 아이 방인데." 잭이 말했다.

나는 주변을 둘러보았다. 그랬다. 그곳은 아이 방이었다. 나는 눈에 익은 침대와 장난감, 옷가지들을 보며 울기 시작했다.

"톰, 왜 그러나?"

마침내 나는 울음을 멈추고 말했다. "잭, 여기는 내 딸아이 방이었어요."

"딸아이 방이었다고?" 잭이 부드럽게 물었다.

"소피는 어렸을 때 죽었죠. 겨우 여섯 살 때요. 사랑이 많으신 하나님이 어떻게 이런 일이 일어나도록 내버려 두실 수 있단 말입니까?"

나는 차분한 어조로 말을 시작했지만 말을 하다 보니 점점 화가 났다. 잭에 대해서가 아니라 내가 믿지 않는 하나님에 대해서. 잭은 분노가 아니라 슬픔이 깃든 표정으로 나를 쳐다보았다. 그의 뺨에 눈물이 한 방울 흘러내렸다. 그리고 또 한 방울.

"정말 안 됐네, 톰."

"그 아이가 죽은 뒤 나는 이 방을 지금처럼, 그 아이가 죽은 날과 똑같이 두었어요. 아내는 그것을 견디지 못했죠. 일 년 후 우리는 이혼했습니다. 그 후로 내 삶은 엉망이 되었죠."

"그렇구먼. 이제 그만 나갈까?"

"그러죠."

"그런데 여기 옷장이 있나?" 잭이 방 안을 둘러보며 물었다.

"없는데요."

"저건 뭔가?"

"벽장이에요."

"그렇다면 벽장을 이용해보지."

잭이 벽장문을 열었다. 그의 뒤를 따라 들어가면서 돌아보니 딸아이의 방은 사라지고 없었다. 대신 푸른 잔디와 나무들, 그리고 기다란 구조물로 이어지는 오솔길이 보였다. 잭은 오솔길을 걷기 시작했다. 우리는 벽돌로 된 아치를 지나 말없이 계속 걸었다. 나는 우리가 화장장 근처의 묘지에 와 있음을 깨달았다. 벽돌로 된 벽을 따라 명판들이 길게 늘어서 있었다. 고인을 기념하기 위한 것이지만 실은 살아 있는 사람들을 위한 것이었다. 잠시 후 잭이 어떤 벽 앞에서 걸음을 멈추고 말없이 명판을 들여다보았다.

궁금해진 나도 명판들을 들여다보며 그 위에 적힌 다양한 비문들을 읽어 내려갔다. 조금 크고 두드러진 어떤 명판에 눈길이 머무는 순간 몸이 떨려왔다.

나는 가까이 다가가 비문을 읽었다.

> C. S. 루이스의 사랑하는 아내
> 헬렌 조이 데이빗먼
> 1960년 7월 사망
>
> 여기 온 세상(한 사람의 마음에 비추인 별들과 물, 공기, 들과 숲)이
> 벗어던진 옷처럼 뒤에 남겨졌네,
> 한 줌의 재가 되어.
> 렌턴 랜즈의 청빈 속에 다시 태어날
> 그녀의 부활절에
> 이 모든 것이 다시 시작되리라는 희망을 간직한 채.

 나는 고개를 돌렸다. 믿어지지가 않았다. 방금 전까지만 해도 병원에서 조이와 함께 이야기도 하고 농담도 하지 않았던가.

 나의 움직임을 알아차린 잭이 마침내 침묵을 깨고 목메인 소리로 말했다. "그건 정말 고통스러웠네…… 그녀를 잃는다는 것은. 나는 조이를 세상 그 누구보다 사랑했네. 딸아이가 죽었을 때 자네의 심정이 어떠했을지 정확히 알지는 못하지만, 나 역시 말로 형언할 수 없는 슬픔을 안다고 할 수 있네."

"톰, 악의 문제와 관련하여 모든 이에게 적절한 해답은 없네.
슬픔과 씨름하는 것은 매우 개인적인 일이어서 사람마다 경험하는 게 각기 다르지.
나는 적절한 해답을 알고 있는 척하는 우를 범하지 않겠네.
이 세상에 존재하는 모든 악에 그 나름의 의미가 있다고 주장하지도 않겠네.
그러나 하나님이 증오의 하나님이 아니라 사랑의 하나님이라는 것만은 아네.
슬픔은 실재하지만 그 사실이 하나님의 존재를 부정하는 건 아닐세."

잭은 몸이 안 좋아 보였다. 그런 내 생각을 읽었는지 잭이 이렇게 말했다.

"자네 표정을 보니 더 이상 내 상태를 숨길 수 없을 것 같군." 잭은 눈물을 흘렸다.

"상태가 어떤데요?" 내가 물었다.

"자네와 더 오래 있을수록 나는 더 힘들어지네. 또다시 인생의 고통을, 신체적 고통과 정신적 고통 모두를 맛보게 되니까." 그는 호주머니에서 손수건을 꺼내 눈물을 훔쳤다.

"우리는 전에 참호 안에서 악의 문제에 대해 이야기했네." 잭의 목소리가 살짝 떨려나오는가 싶더니 차츰 진정이 되어갔다. "악의 문제는 단계적 혹은 부분적으로 접근할 때 가장 효과적이라고 했던 말 기억나? 그 때 우리는 악의 문제의 지적인 측면을 다뤘네. 우리는 분명 참호 안에 있으면서도 다른 병사들과 같은 고통을 체험하지는 못했지. 그런데 이제 악의 문제의 정서적 측면을 다루게 되는군. 개인적인 고통이나 슬픔, 시련을 경험했으니 말이야."

"계속하세요." 내가 말했다.

"톰, 자네는 딸을 잃었어. 그런 자네의 심정을 내가 어찌 다 알겠나만 그렇다고 해서 내가 슬픔을 전혀 모른다고 말한다면, 그 말처럼 진실과 거리가 먼 것도 없을 걸세. 나는 사랑하는 조이를 잃고 내가 느낀 고통이나 하나님을 향한 분노를 감추려 하지 않았네. 내 심정을 《헤아려 본 슬픔 A Grief Observed》이라는 책에 토해냈지. '슬픔'이라는 말 앞에 부정관사 'a'를 넣은 것은 세상에 많은 슬픔이 있지만 나 이외의 다른 사람이 느끼는 슬픔이 어떠한지에 대해 감히 아는 척할 수가 없었기 때문일세."

"그 전에도 슬픔을 경험한 적이 있나요?"

"물론." 잭이 대답했다. "가끔 나에 대한 신화가 이야기되곤 하네. 아내가 죽기 전까지 내가 정말로 슬픈 일을 겪어본 적이 없다는 신화가. 하지만 사실은 슬픈 일을 생각보다 자주 겪었네. 자네도 알다시피 우리 어머니는 내가 어렸을 때 암으로 돌아가셨고, 여러 해 뒤에 아버지 역시 암으로 돌아가셨지. 친한 친구인 찰스 윌리엄스는 갑작스러운 죽음을 맞았고. 하지만 조이의 죽음이 조금 달랐다는 것은 인정하네. 우리는 남편과 아내로서 불과 몇 년을 살았을 뿐이지만 우리 두 사람에게 있어서 그 몇 년간은 아주 충만한 삶이었네."

"하나님에게 화가 났다고 말씀하셨는데, 믿음을 포기할 생각은 안 하셨나요?"

"그런 표현이 적절한지는 모르겠네만…… 그렇다네, 나는 비통함에 하나님에게서 돌아서고 싶었어. 나는 하나님을 그가 아닌 다른 무언가로 왜곡시키려 했네. 하나님이 존재하긴 하지만 사랑이 충만하신 분은 아닐 거라는 생각을 잠시나마 해보았지. 어쩌면 그 분은 우주적 사디스트일지도 모른다고, 의사나 치유자라기보다는 고문관이나 생체해부자일지도 모른다고 말이야."

"그렇지만 그런 생각을 버리셨지요?"

"결국에는 그럴 수밖에 없었네. 그게 사실이 아니라는 것을 이해할 만큼은 하나님을 알고 있었으니까. 절대적인 도덕률은 하나님이 계심으로써 존재하네. 악의 실재는 (하나님이 주신) 의의 기준이 없이는 악이라고 할 수 없네. 그렇다면 문제는 하나님이 성경에서 말하는 바로 그 하나님이냐 아니냐, 혹은 악이 우리가 생각하는 바로 그것이냐 아니냐 하는 걸세. 또다시 악의 문제의 지적인 측면으로 돌아왔군. 이렇게 지성과 감정은 서로 긴밀하게 연결되어 있다네. 물론 그렇다고 해서 슬픔이 덜어지는 것은 아니지만, 그렇다고 언제까지나 슬픔에 잠겨 있을 수만은 없지 않겠나. 생각할 시간이 있어야 하네."

"그렇다면 악의 문제의 감정적 측면에 대한 당신의 해답은 무엇입니까?"

부드러운 시선으로 나를 쳐다보는 잭의 눈에 아직 눈물이 맺혀 있었다. "톰, 이 문제와 관련하여 모든 이에게 적절한 해답은 없네. 슬픔과 씨름하는 것은 매우 개인적인 일이어서 사람마다 경험하는 게 각기 다르지. 나는 적절한 해답을 알고 있는 척하는 우를 범하지 않겠네. 이 세상에 존재하는 모든 악에 그 나름의 의미가 있다고 주장하지도 않겠네. 사실 이 문제는 기독교인이냐 무신론자냐에 상관없이 누구도 알 수 없는 거라네. 그러나 하나님이 증오의 하나님이 아니라 사랑의 하나님이라는 것만은 아네. 슬픔은 실재하지만 그 사실이 하나님의 존재를 부정하는 건 아닐세."

"자, 이제 가세나." 잭이 말했다.

#10 잿빛 상상의 도시에서

나는 잭과 헤어져 잿빛 도시를 배회하다가 용을 만나고
악마와 대화를 나누는 초현실적인 경험을 한다.

악마는 당신의 생각에서
선한 것을 밀어 낸다네

우리는 잠시 말없이 걸었다. 일기가 바뀌어 있었다. 모든 게 잿빛에 싸여 음산해 보였으며, 비가 내리기 시작했다. 잭은 근사한 2층 버스가 서 있는 버스 정류장으로 향했다. 을씨년스러운 주위 환경과는 대조적으로 버스는 황금빛으로 반짝거렸다. 전에 우리가 더들을 타고 가다가 충돌할 뻔한 버스 같았다.

마지막 승객이 탑승하고 잭도 버스에 올랐다. 나는 잭의 뒤를 따랐다. 운전사는 검은 머리에 수염을 기른 태평해 보이는 사람으로, 한 손을 운전대 위에 올린 채 잭에게 손을 흔들어 아는 체를 했다. 내가 올라타자 그는 "잭을 따라 2층으로 올라가세요." 하고 말했다.

잭은 나와 함께 있는 시간이 길어질수록 자신의 지난날을 돌이켜보는 시간이 길어지고, 그래서 점점 더 쇠약해진다고 말했었다. 버스 뒷좌석에 앉아 있는 그에게로 다가가면서 보니 그는 지쳐 보였다. 조이의 무덤에 다녀온 게 그를 힘들게 한 것 같다. 딸아이의 방을 다녀온 게 나를 힘들게 했듯이. 그는 희미한 미소를 떠올리며 내게 옆자리에 앉으라는 시늉을 했다.

"이제 어디로 가지요?" 내가 앉으면서 물었다.

"이 버스는 우리를 상상의 세계, 정확히 말하면 내가 상상한 세계로 데려다줄 걸세. 내가 쓴 《천국과 지옥의 이혼 The Great Divorce》에는 사람들을 지옥에서 천국으로 데려다주는 버스가 등장한다네. 어떤가, '상상'이라는 주제에 대해 토론하기에 적당한 환경이 아닌가?"

나는 기분이 언짢았다. "잭, 정말로 지옥이 있다고 믿으시는 건 아니죠? 저는 현대에 살고 있다고요. 불과 유황은 기독교의 또 다른 잔재를 보여줄 뿐이에요. 설마 당신이 믿는 사랑의 하나님이 영원한 지옥불로 사람들을 고문한다고 믿는 건 아니겠죠? 그럼 조이는 어떡하라고요? 당신의 하나님은 겨우 몇 년 만에 당신에게서 그녀를 빼앗아갔어요. 또 내 딸아이는요? 그 아이는 어쩌고요?"

잭이 대답을 하려 했지만, 나는 견딜 수가 없었다. 나는 자리에서 일어났다.

"어딜 가려는 겐가, 톰?"

"나는 가겠어요!"

"그냥 있게. 자네가 가버리면 내가 자네를 도울 방법이 없네. 게다가 자네 혼자 다니다가 불쾌한 일을 겪을 수도 있어."

그러나 화가 난 나는 그의 경고를 무시했다. 나는 재빨리 돌아섰다. 버스에서 내릴 때 운전사가 내게 말했다. "조심해요. 여긴 혼자 돌아다니기에는 좋지 않은 곳이니까."

나는 생명체라곤 전혀 없는 듯이 보이는 그 잿빛 도시를 꽤 오랫동안 돌아다녔다. 날이 점점 어두워질 줄 알았지만 줄곧 황혼녘이었다. 마침내 나는 다른 건물들과는 조금 달라 보이는 건물을 발견했다. 사무실 건물처럼 보이는 고층 건물이었다. 건물 입구의 부서진 가로등에서 노란 불빛이 깜박거렸다. 가까이에서 보니 출입문 위에 삐뚠 글씨체로 이렇게 씌어 있었다. "이곳에 들어오는 이에게는 모든 희망이 사라지도다……." 그렇지만 아직 화가 나 있던 나는 어깨를 으쓱하고 건물 안으로 들어갔다.

그러자 건물 로비 같은 곳이 나왔다. 로비 한가운데에는 커다랗고 굴곡이 진 콘크리트 카운터가 있고, 카운터 위와 바닥에 서류가 흩어져 있었다. 내가 주위를 살펴볼 새도 없이 머리 위의 스피커에서 날카

"나이젤은 자네 마음에 배당된 용이야. 자네의 생각을 부정적으로 이끌지. 가끔 자네 안에 생각을 불어넣기도 하지만 대부분은 생각을 밀어낸다네. 자네 생각이 전부 다 자네 스스로 생각해 낸 거라고 믿는 건 아니겠지?"

로운 목소리가 들려왔다.

"클러크, 토머스, 검은 선을 따라오시오. 클러크 환자, 토머스, 검은 선을 따라오시오."

주위를 돌아보니 바닥에 검은 선이 그어져 있었고, 그 선은 카운터까지 이어져 있었다. 선을 따라 카운터로 가니 선이 카운터 뒤로 돌아 들어가 있어서 다시 선을 따라 걸었다. 그런 식으로 한 10분쯤을 이 음산한 건물 안에서 배회하다가 어떤 사무실 문 앞에 이르렀다. 문에 걸린 명판에 '제1급 악마, 플럽거스'라고 쓰여 있었다. 나는 닫힌 문을 잠시 바라보다가 이윽고 문을 열었다.

안을 들여다보니 방 한쪽에 서류가 어지러이 널려 있는 책상이 있고, 그 너머로 만화에 나오는 악마처럼 생겼다고밖에 말할 수 없는 인물이 회전의자에 등을 기대고 앉아 있었다. 키는 1미터 20~50센티미터쯤 될까, 가죽처럼 두꺼운 적갈색 피부가 회색 콘크리트 책상과 장식이 거의 없는 밋밋한 벽과 선명한 대조를 이루었다. 벽에는 사진 액자가 비스듬히 걸려 있었는데, 사진 속의 인물은 검은색 나비넥타이를 매고 악마의 미소를 짓고 있는 게 다를 뿐, 책상 앞에 앉아 있는 악마와 동일 인물이었고, 그 밑에는 '이 달의 유혹자'라고 쓰여 있었다.

악마는 나를 쳐다보고는 미소를 지었다. 그가 다시 의자에 등을 기댈 때 얼핏 기다란 꼬리가 보인 듯했다.

"나는 플럽거스일세." 그는 얼굴을 빛내며 딱딱 끊어지는 목소리로 재빨리 말했다. 그러고는 냉정하게 덧붙였다. "제1급 악마지. 자네는 클러크로군. 머리 위에는 용이 있고 말이야."

"네?"

"용이라고 했네. 자네 머리에 용이 있단 말일세. 자, 앉게." 그는 능글맞은 웃음을 띤 채 시가를 씹기 시작했다.

나는 어찌할 바를 몰랐지만 내가 상상의 세계에 들어왔다는 것은 알고 있었다. 책상 앞의 의자에 앉으면서 두 손으로 조심스럽게 머리 위를 만져보았다. 하지만 아무 것도 없는 것 같았다.

"아무것도 없는데요." 내가 말했다.

플럽거스는 책상 서랍에서 손잡이에 장식이 새겨진 거울을 꺼냈다. 거울에는 연극 공연할 때 사용하는 가면(비극용의 비통한 얼굴과 희극용의 행복한 얼굴)이 그려져 있었다.

"이걸로 좀 보라고." 그는 거울을 책상에 내려놓더니 갑자기 그 거울을 내 쪽으로 정확하게 밀어 보냈다. 나는 거울이 바닥에 떨어지기 직전에 간신히 붙잡았다.

"흠, 친애하는 클러크 군, 자네의 용이 보고 싶지 않나?" 악마의 능글맞은 웃음은 냉소로 바뀌었다.

나는 천천히 거울을 집어 들고 머리 위를 비추었다.

"하나님, 맙소사!" 나는 거울을 떨어뜨리며 숨을 몰아쉬었다.

"그딴 말로 지하세계의 임금을 저주할 필요는 없을 텐데, 클러크 군?" 플럽거스는 얼굴 가득 미소를 지었다.

나는 문득 거울이 떨어져 깨지는 소리를 듣지 못했다는 데 생각이 미쳤다. 주변을 둘러보니 거울이 내 주위를 떠다니고 있었다. 나는 거울에 와이어라도 달려 있는 게 아닐까 싶어서 손으로 거울 주변을 휘저어보았다.

"그래, 무얼 보았나?" 플럽거스가 말했다.

"검은 용을 보았어요. 커다란 쥐만한 용을. 적어도 내 보기엔 그랬어요."

"나이젤일세."

"뭐라고요?"

"나이젤이라고. 자네 신상 파일에서 보았지." 그는 어질러진 책상 위에서 검은색 파일을 집어 뒤적거렸다. "나이젤은 자네 마음에 배당된 용이야. 자네의 생각을 부정적으로 이끌지. 가끔 자네 안에 생각을 불어넣기도 하지만 대부분은 생각을 밀어낸다네." 플럽거스는 이런 부조리한 말을 마치 찻집에서 차를 주문하듯 쉽게 내뱉었다.

"용에게 이름이 있어요?" 나는 믿기지 않는 마음으로 물었다.

"물론이지. 나이젤, 말을 해보렴." 플럽거스는 내 머리 위쪽을 보며 말했다. 나는 두 손으로 머리 위를 만져보았지만 아무것도 만져지지 않았다.

"멍청하긴. 그렇게 해서는 알 수 없어. 그래서 거울을 준 게 아닌가. 거울을 들고 다시 보라고." 나는 주저했다. "어서!" 그는 잠시 말을 끊었다가 "자네도 보고 싶으면서 뭘 그러나." 하고 말하고는 웃음을 터뜨렸다.

나는 거울을 들어 다시 머리 위를 비추었다. 손이 살짝 떨려왔다. 내 머리 위에 용이 있었다. 사악해 보이면서도 조금 지친 듯한 작고 검은 용. 용은 한숨을 내쉬었고, 그러자 콧구멍에서 연기가 뿜어져 나왔다. 그는 몇 차례 원을 그리며 걷더니 오수를 즐기려는 개처럼 누워서 박쥐의 날개처럼 생긴 날개를 접었다.

"나이젤!" 플럽거스가 고함을 질렀다. "일어나서 말해." 이건 부탁이 아니었다.

"아, 왜요?" 용이 신경질적인 고음으로 말했다. "나는 피곤해요. 이 작자는 요즘 들어 생각이 너무 많았다고요. 나 좀 그냥 자게 내버려둘 수 없나요, 플럽거스 씨? 이 작자 때문에 오랜 시간 애를 썼으니 둘이 대화를 나누는 동안 나는 조금 자도 될 것 같은데요."

"좋아, 나이젤. 덕분에 해야 할 일이 생각났어. 하지만 네 행동은 보고서에 기록해두지." 악마는 검은색 파일 안에 무언가를 끼적거렸다.

나는 거울을 뒤집어서 책상 위에 내려놓았다. 이건 너무 심했다. 플럽거스는 대체 무슨 속셈인 걸까? 나를 미치게 할 생각이라면 시작부터 성공적이었다.

"자네 생각이 전부 다 자네 스스로 생각해낸 거라고 믿는 건 아니겠지?" 악마가 말했다. "자네가 우리 식으로 생각하도록 나이젤이 도와준 거라네, 클러크 군. 아, 오해는 말게. 아까도 말했듯 나이젤은 주로 자네 머릿속에서 생각을 몰아내느라 바쁘니까. 하지만 때로는 자네 머릿속에 생각을 불어넣거나 생각의 흐름을 바꾸려 애를 쓰기도 하지. 자네 파일로 보건대 최근까지 아주 잘해왔고 말이야." 그는 손가락으로 검은색 파일을 두드렸다.

악마는 의자에 등을 기댄 채 발굽이 갈라진 발을 책상 위에 올려놓고 검은색 파일 안에 든 서류를 숙독했다. 내게는 파일 겉표지의 '환자: 토머스 클러크, 상태: 확실치 않음'이라고 인쇄돼 있는 글자들밖에 안 보였다. 그 때 등 뒤에서 문이 쾅 닫히는 소리가 났다. 뒤를 돌아보니 문이 잠겨 있었다.

"이봐요," 나는 용기를 쥐어짜 말했다. "당신이 나이젤이 어쩌고 하는 허튼소리를 늘어놓는 이유는 모르겠지만, 내겐 권리가 있어요. 당장 여기서 내보내줘요!"

"당신…… 권리…… 내보내달라!" 플럽거스는 상을 찡그린 채 파일을 내려놓고 똑바로 앉더니 두 손을 모아 깍지를 끼었다. "친애하는 클러크 군, 제 발로 찾아와놓고 왜 이렇게 일찍 떠나려고 하지?"

"제 발로 찾아오다니, 그게 무슨 말이죠?"

"사실이야. 자네는 버스에서 그 천치 같은 잭과 말다툼을 벌인 후 홧김에 버스에서 내려 이곳으로 왔지."

"잭은 천치가 아니에요!" 내 입에서 예상치 못한 말이 튀어나왔다.

"오, 그러니까 잭은 자네의 절친한 벗이란 말이군? 버스 안에서 자네가 잭에게 한 짓을 보면 그렇지도 않은 것 같던데?"

잭은 아직 버스 안에 있을 것이다. 그는 내가 떠나면 나를 도울 수 없다고 말했지만, 지금 내겐 그의 도움이 필요하다. 어찌 되었든 이 모든 것은 잭의 상상 속에서 일어나는 일이므로.

나는 악마의 말에 대한 나의 반응에 깜짝 놀랐다. 잭을 변호할 생각은 없지만, 이 이상한 곳에 온 것도 그렇고 악마에게서 잭에 대한 심한 말을 듣는 것도 그렇고, 죄다 기분이 나빴다. 나는 여러 가지 면(하나님의 존재 여부랄지 악의 문제에 대한 시각, 예수의 권위를 인정하는 문제 등)에서 잭과 의견이 일치하지 않았지만 악마인 플럽거스 덕에 내가 잭을 친구로 생각하고 있음을 깨닫게 되었다. 잭은 나를 얕잡아보거나 나의 의심과 회의를 하찮게 생각하지 않았다. 그러기는커녕 자신의 신념에 확고하면서도 내 생각을 존중해주는, 온화한 모습을 보여주었다.

나는 자리에서 일어났다. "잭을 욕하다니, 당신은 실수한 겁니다. 나는 잭과 의견도 다르고 예수(예수의 이름에 플럽거스는 몸을 움츠렸다)를 믿지도 않지만, 당신을 싫어하는 만큼이나 잭을 좋아하고 존경한답니다." 나는 문께로 갔다.

"앉아! 가긴 어딜 가!" 플럽거스가 고함을 질렀다.

"두고 봐요." 나는 문고리를 돌렸지만 소용없었다. 달리 어찌해야 할지를 알지 못해서 잭에게 도움을 청했다. "잭! 도와줘요! 저, 톰이에요!"

"앉아!" 플럽거스가 다시 고함쳤다. "입 다물지 못해? 나이젤, 톰이 소리 지르지 못하게 해!"

플럽거스는 언짢은 얼굴로 자리에서 일어났지만 살짝 두려웠던지 책상 뒤에 그대로 서 있었다. 문이 열렸다. 휴지조각이 널려 있는 어두컴컴한 복도가 보였다. 복도와 바닥의 검은 선이 휘어져 보이는가 싶더니 이내 하수구로 물이 휩쓸려 내려갈 때처럼 소용돌이쳤다. 이윽고 희미한 발소리와 함께 잭이 나타났다. 그는 문께로 와서 손을 내밀었다.

"이리 와서 내 손을 잡게, 톰" 잭이 침착하게 말했다.

"앉아, 클러크! 너는 못 떠나! 나는 플럽거스야. 제1급 악마이자 이 달의 유혹자라고!" 뒤쪽에서 악마가 책상을 치며 소리 질렀다. "너!" 악마는 잭을 가리켰다. "넌 당장 나가!"

"나는 어린 양(플럽거스가 또다시 몸을 움츠렸다)의 피로 산, 가장 높으신 분의 종이오." 잭이 대답했다. "나는 내가 나가고 싶을 때 나갈 거요."

나는 잭의 손을 잡았고, 잭은 나를 이끌고 문 밖으로 나왔다. 뒤를 돌아보니 플럽거스가 입을 딱 벌리고 있는 게 보였다. 이윽고 그의 사무실 전체가 색채와 음향의 소용돌이 속에 사라져갔다. 다음 순간 우리는 다시 버스 정류장에 서 있었다. 잿빛의 우울한 주변 환경에도 불구하고 황금빛으로 반짝이는 2층 버스가 정차해 있었다.

"고맙습니다, 잭. 그리고 아까 화내서 미안했어요." 내가 말했다.

"괘념치 말게." 잭이 너그럽게 말했다. "우리는 누구나 이따금 화를 내기 마련이라네."

"그렇지만 당신에게 좀더 잘 대해드렸어야 했어요. 당신은 늘 제게 친절하게 대해주셨는데…… 제게는 당신과 같은 믿음은 없지만 당신과 친구가 된다면 정말 영광이겠습니다."

"나도 마찬가지일세. 자, 이제 여행을 계속할까? 거의 종착점에 다다랐다네."

우리는 버스에 올라 다시 여행을 시작했다. 버스는 천천히 굴러가다가 갑자기 독수리가 날아오르듯 우아하고 힘차게 날아올랐다.

나니아와 상상의 세계

상상력의 역할과 《나니아 연대기》에 대해 토론하는 가운데 믿음과 판타지와 철학에 대한 책의 통찰이 드러난다.

상상력이 지성과 믿음에 도움이 되는가?

버스는 부드럽게 착지했다. 문이 열렸고, 우리는 버스에서 내렸다. 황량한 잿빛 도시에서와는 달리 밝은 빛이 우리를 에워쌌다. 맑고 푸른 하늘에 동화책에서 보는 것 같은 하얀 뭉게구름이 가득했다. 잭이 언덕을 가리켰다. 언덕 꼭대기에 커다란 황금 문이 보였다.

"진주로 된 문일 줄 알았는데요." 내가 이죽거렸다.

"여기는 천국이 아닐세. 자, 올라가자고!"

언덕을 오르자 흥미로운 광경이 펼쳐졌다. 털이 새까맣고 머리에 가느다란 금장식을 두른, 키가 60센티미터쯤 되어 보이는 생쥐가 우리를 맞았던 것이다. 머리의 금장식에는 커다란 선홍색 깃털이 꽂혀 있었다. 우리가 다가가자 옆구리에 칼을 찬 그 자그마한 생물체는 고개를 숙여 보인 뒤 이렇게 말했다.

"잘 오셨습니다, 잭 경!"

나는 웃음을 터뜨릴 뻔했지만 잭의 엄격한 눈초리에 웃음이 쏙 들어갔다.

"다시 만나 반갑네." 잭이 미소 지으며 말했다. "그런데 저……."

"정히 그러시다면, 좋습니다." 생쥐가 대답했다. "하지만 딱 한 번 뿐입니다."

잭은 허리를 굽혀서 생쥐를 가볍게 안아 올렸다 내려놓았다.

"그런데 잭 경, 이 사람은 경의 종자입니까?" 생쥐가 내 쪽을 보며 물었다. 그의 예리한 검은 눈동자에는 두려워하는 기색은 없고, 외려 상대를 얕잡아보는 듯한 대담함이 엿보였다. 그는 오른손을 들어 구레나룻을 배배 꼬았다.

"아닐세. 이 사람은 톰이야. 내 손님이지."

"알겠습니다. 그럼 잭 경의 상상 속 세계로 들어가시죠."

생쥐는 또다시 고개를 숙였다. 그가 황금 문에 손짓을 하자 서서히 문이 열렸다. 한쪽 문에 '희귀하고 도움이 될 만한 무언가를 찾는가? 우화 속의 진리를 찾아보려는가?'라는 문구가 새겨진 금속판이 붙어 있었다.

이 금속판에 대해 뭐라 물어보기도 전에 문이 완전히 열렸다. 눈앞에 펼쳐진 광경에 나는 숨이 멎을 듯했다. 오른쪽 저 멀리에 겨울 코트를 입고 눈 덮인 숲길을 걸어가는 네 아이가 보이고, 그 아이들 주위에는 앞서 내가 지나온 것과 같은, 문이 열린 옷장이 있었다. 아이들은 가로등 옆에 멈춰 서서 무언가를 의논하는 듯했다. 그들로부터 멀지 않은 곳의 땅 밑에서 동물들이 기어 나오고, 하늘을 나는 말이 두 아이를 등에 태운 채 지평선 밑으로 날아 내렸다.

왼쪽에는 색색의 섬들이 떠다녔다. (나이젤과는 달리) 온화한 용처럼 보이는 자그마한 빨간 뱀이 나무 옆에서 날개를 폈다 접은 후 몸을 말았다. 그리고 녹색 피부를 지닌 여인이 그 이상한 나무의 잎사귀 속으로 뛰어드는 게 얼핏 눈에 띄었다. 고개를 들어 위를 올려다보니 별이 총총한 하늘을 배경으로 우주선처럼 보이는 둥근 물체가 날아올랐다.

멀리에는 거대한 산이 어른거렸는데, 자세히 보니 산이 아니라 거인이었다. 말을 탄 여인이 엄숙한 표정으로 그 거인에게 다가갔는데, 그녀의 손에는 검이 들려 있었다.

다른 쪽에서 칼날이 부딪치는 소리가 나서 돌아보니 베일을 쓴 여인이 많은 사람들에게 둘러싸인 채 남자를 상대로 격렬하게 싸우고 있었다. 또 다른 쪽에는 안뜰에 신화 속 인물들(켄타우로스라든가 거인, 난쟁이, 동물들)의 석상이 무수히 늘어서 있는 기괴한 성이 보였다.

그리고 그 너머의 언덕 위에는 이 모든 것을 굽어보는 거대한 황금빛 사자의 모습이 어른거렸다. 비록 멀리 떨어져 있었지만 그 사자의 존재는 내 마음을 불안하게 했다. 사자는 모든 것을 보는 듯했다. 그러면서도 또한 나를 똑바로 응시하는 듯했다.

깜짝 놀란 내 눈에 우리를 향해 다가오는 커다란 갈색 곰이 보였다. 거리가 너무 가까워서 겁이 났다. 한 남자가 곰을 뒤쫓고 있었다.

"잭! 여기서 나가요!" 내가 말했지만, 잭은 꿈쩍도 하지 않았다. 곰은 우리에게 다가와 뒷발로 서서 잭의 얼굴을 핥기 시작했다.

잭이 환한 얼굴로 곰을 안아주자 곰은 만족했는지 다시 네 발로 기었다. 그 때 곰을 뒤쫓던 남자가 도착해서 소리를 질렀다. "이 미친놈의 곰아, 손님들에게 겁을 주면 안 된다고 내가 말했지!"

비누 묻은 솔을 든 그 남자는 나중에 잭에게 듣기로는 얼스터 출신이었지만, 억센 스코틀랜드 억양으로 말했다.

"이거, 미안합니다. 저 녀석은 목욕을 할 때면 늘 저렇답니다."

"괜찮습니다." 잭이 말했다.

"그런데 뉘신지?" 얼스터 출신의 그 남자가 말했다.

"루이스입니다. 잭 루이스. 잭이라고 부르세요."

"당신은요?" 남자가 나를 보며 말했다.

"저는 토머스 클러크입니다."

"병원에서 도망쳐 나왔나보군요?" 그가 물었다.

"설명하자면 조금 복잡합니다." 내가 대답했다.

"그런데 여기가 어딘지 아시나요?" 솔을 든 그 남자가 물었다.

"여기는 내 머릿속에 떠오른 상상의 세계지요." 잭이 차분히 대답했다.

"그렇다는 실제적인 증거라도 있나요?"

나도 그런 생각을 했었다.

"주변을 둘러보세요." 잭은 우리 주위에서 일어나는 많은 일들을 가리키며 대답했다.

남자는 내가 황금 문을 지나오면서 처음 본 그 믿기지 않는 광경들을 둘러보았다.

"좋은 지적입니다. 하지만 우리가 꿈을 꾸고 있다거나 환각상태에 빠져 있을 수도 있지 않을까요?" 그가 말했다.

곰이 다른 쪽으로 뛰어 달아나자 남자가 그 뒤를 쫓아 달렸다.

"여기가 당신의 상상 속 세계라고요?"

"예전에 나는 상상력에 대해 많은 생각을 했다네.
무신론자가 되어 논리와 인간의 추론 능력을 중시하게 된 이후에도
상상력의 지배를 받는 내 자신에 당황했지. 나는 또 다시 알 수 없는 갈망에 이끌렸다네.
지성이 중요한 건 분명하지만 상상력 없이는 불완전하네."

"그렇다네. 글쎄, 어쨌든 일부는 그래." 잭이 말했다.

나는 잭에게 무슨 말을 하려다가 놀라운 사실을 발견했다.

"자네 괜찮나, 톰?"

"아니요, 안 괜찮아요! 대체 나한테 무슨 일이 일어난 거죠?"

나는 손을 잭의 얼굴 쪽으로 들어올렸다. "내가 투명해졌어요."

사실 내 손을 뚫고 잭의 어리둥절해하는 얼굴이 보였다. 불길한 생각이 떠올랐다.

"잭, 제가……."

"죽었느냐고? 아닐세."

"그럼 어떻게 된 거죠?"

잭의 얼굴에 깨달음의 빛이 떠올랐다. "맞아, 그거야!"

"그게 뭔데요?"

"우리는 내 상상 속의 세계에 들어와 있지만 넓은 의미에서는 일반적인 상상의 세계에 들어와 있네. 자네가 투명해진(실은 반투명이지만) 것을 보니 자네의 상상력이 부족하다는 결론이 나오는군. 자네는 상상력이 부족해서 이렇게 된 걸세."

"무슨 말인지 못 알아듣겠어요."

"간단히 말하자면 이런 걸세. 자네는 상상력이 부족하네, 톰. 적어도 상상력이 풍부하진 않지. 자네는 사고방식에 조금 문제가 있긴 하지만 확실히 이성적인 친구야. 그러나 상상력도 중요하다네. 어쨌든 내가 가지고 있는 데이터를 토대로 짐작해보건대 자네가 반투명해진 것은 상상력을 향상시킬 필요가 있기 때문이야."

"무슨 말씀이신지……?"

"따라오게. 우리, 앉아서 얘기하자고."

조금 걸으니 작은 돌탁자가 나타났다. 주변이 온통 눈에 덮여 있었지만, 나는 환자복만 입고 있었음에도 어찌된 일인지 춥지가 않았다. 돌탁자를 빙 둘러 다람쥐, 난쟁이, 여우 및 기타 알 수 없는 동물들의 석상이 자리하고 있었다. 조그만 다람쥐 석상은 스푼으로 돌탁자를 칠 듯했고, 돌탁자 위에는 돌로 된 잔칫상이 차려져 있었다. 잭은 그곳이 세상에서 가장 자연스러운 장소인 양 벤치에 앉았다. 나는 투명한 몸으로도 앉을 수 있을까 하는 생각을 하며 잭의 맞은편에 앉았다.

"예전에 나는 상상력에 대해 많은 생각을 했다네. 무신론자가 되어 논리와 인간의 추론 능력을 중시하게 된 이후에도 상상력의 지배를 받는 나 자신에 당황했지. 나는 또다시 알 수 없는 갈망에 이끌렸다네. 지성이 중요한 건 분명하지만 상상력이 없이는 불완전하네."

"왜 그렇죠?"

"어쨌든 내 경우에는 지성만으로 내 안에 있는 갈망과 동경을 충족시키기란 불가능했네. 그러나 상상의 세계는 내게 기쁨을 가져다주었지. 기독교인이 된 이후로 내 상상력의 시야는 더 넓어졌네. 물론 점진적이기는 했지만 어쨌든 더 넓어졌어. 한동안……."

그 때 무슨 소리가 들리는 바람에 대화가 중단되었다. 다람쥐 석상 세 개가 살아 움직이기 시작했고, 작은 다람쥐 하나가 찍찍거렸다. 다람쥐들은 우리를 한 번 쳐다보고 스푼을 손에 든 조그만 다람쥐 석상을 한 번 쳐다보고는 달아나 근처의 나무 뒤에 숨었다. 그리고 우리를 엿보기라도 하듯 이따금씩 고개를 내밀었다.

"어떻게 된 걸까요?" 나는 잭 쪽으로 고개를 돌리며 물었다.

"나 때문에 깨어난 게 틀림없네." 잭이 대답했다.

"어쨌든 앞에서도 말했듯 한동안 나는 문학작품 속에서도 이성을 강조했네. 《침묵의 행성에서 Out of the Silent Planet》로 시작하는 우주 3부작을 보면 알 수 있을 거야. 물론 상상적인 요소도 있지만 이 시리즈, 특히 완결편인 《그 가공할 힘》은 이성에 초점이 맞추어져 있다네. 나는 《인간의 폐지 The Abolition of Man》에서 제기한 문제를 어떻게 현대의 동화에서 보여줄 수 있을지 생각해 보았네. 하지만 이성과 상상력을 조화시킬 수 있었던 것은 훗날……."

난쟁이가 툴툴거리고 여우가 하품을 하는 게 보였다. 그들도 살아나고 있었다. 여우가 우리를 한 번 쳐다보더니 뛰어 달아났다. 난쟁이는 잠시 무슨 말을 할 듯 하더니 다른 쪽으로 뛰어갔다. 나는 남은 세 개의 석상이 어떻게 될지 지켜보기로 했다.

"저것들 두 개는 뭐지요?" 내가 머리에 뿔이 달리고 뾰족한 귀에 염소 다리를 한 석상 두 개를 가리키며 물었다. "목신인가요?"

"사티로스라네. 목신은 하반신만 염소고 일반적으로 좀더 작지. 적어도 내 작품 속에서는 그렇다네. 하지만 둘 사이에는 비슷한 점도 있어. 둘 다 나니아 나라의 아홉 계급 중 하나로……."

"아, 알았어요, 잭, 고마워요."

우리가 이야기하는 동안 사티로스 둘이 살아나기 시작했다. 먼저 살아난 사티로스가 깜짝 놀란 표정으로 "에구머니!" 하고 비명을 질렀다. 그는 이제 막 살아난 다른 사티로스 쪽으로 고개를 돌렸다. "뛰어!" 하고 그가 속삭였고, 둘은 우리에게서 멀어져갔다. 또다시 찍찍거리는 소리가 들려와서 조금 전에 다람쥐 세 마리가 달아난 쪽을 돌아보니 다람쥐들이 나무 뒤에 숨어서 우리를 엿보고 있었다.

"왜 저러지요?" 내가 물었다.

"음, 하지만 아직 한 마리가 남아 있네." 잭이 앙증맞은 스푼을 든 채 아직 돌탁자 앞에 앉아 있는 조그만 다람쥐 석상을 보며 말했다. 우리가 지켜보는 가운데 그 조그만 석상은 살아 있는 다람쥐로 변해 새된 소리를 질렀다.

"왔다, 왔어, 왔어!" 다람쥐는 스푼으로 연신 테이블을 두드리며 찍찍거렸다. "산타클로스가 왔어. 그리고 아슬란 님이 오고 있어!"

그런 다음 그는 우리의 존재를 처음으로 알아차렸다. 근처에서 또다시 다람쥐들의 찍찍거리는 소리가 들려오자 조그만 다람쥐는 즉시 스푼을 내던지고 그들에게로 달려갔다. 나무 뒤에 숨어 있던 다른 다람쥐 세 마리가 새로 온 다람쥐를 얼싸안았고, 곧이어 모두들 재빨리 나무 위로 올라가 몸을 숨겼다.

"이제야 좀 조용해졌군." 잭이 미소를 지었다. "내가 무슨 말을 하고 있었지?"

"이성과 상상력을 조화시키는 것에 대해 말씀하셨어요."

"맞아, 그랬지. 나는 판타지를 통해 기독교의 진리를 전달할 수 있음을 알았네. 기독교의 진리에 전혀 관심이 없는 사람들과도 판타지를 통해 별 무리 없이 신학과 철학을 논할 수 있게 되었지. 대신 설교조로 말하지는 않았네. 은유적으로 말해서 (지금의 자네처럼) 반투명한 상상력이 보다 또렷해진 거지."

"글쎄요, 제겐 상상력보다 이성이 더 중요하게 여겨지는데요. 상상력이 중요하지 않다는 게 아니라 상상력에는 우리를 즐겁게 해주는 이상의 무언가가 없다는 얘깁니다."

"자네 시대에는 다른 여러 가지 개념들과 마찬가지로 상상력도 왜곡되었기 때문에 그런 생각이 드는 걸 거야. 상상력은 확실히 우리를 즐겁게 해주네. 하지만 즐거움을 위한 즐거움에는 단테나 존 번연 같은 대가의 작품에서 보는 것 같은 상상력의 힘이 결여되어 있네. 이곳에 들어올 때 출입문에 붙어 있던 글귀, 기억나나?"

"안 그래도 여쭤보려던 참이었어요."

"'희귀하고 도움이 될 만한 무언가를 찾는가? 우화 속의 진리를 찾아보려는가?'" 잭이 글귀를 인용했다. "번연의 《천로역정 Pilgrim's Progress》 서문에 나오는 구절일세. 어떤 사람들은 번연이 교육받지 못한 단순한 사람이라 생각할지 모르지만 번연은 우화 양식 안에서도, 아니 그의 경우에는 알레고리의 틀 안에서도 상상력은 참된 진리를 전달하는 힘을 발휘함을 이해하고 있었네. 문학작품의 상상력에는 종교의 색유리를 전부 걷어내고 재빨리 실재에 대한 위대한 진리로 넘어가는 힘이 있네."

"그게 당신이 《나니아 연대기》에서 하려던 건가요? 어린이들에게 기독교 교리를 전파하는 게?"

"나 원 참, 마치《나니아 연대기》가 처음부터 어린이들을 무신론자인 부모들로부터 빼앗아 기독교로 개종시킬 요량으로 쓰였다는 투로군그래. 나는 그러지도 않았을 뿐더러 그럴 의도도 없었네. 하지만 그런 의심을 품은 사람이 자네가 처음은 아니라네. 사람들은 마치 내가 어린아이들의 심리를 연구하고 어떻게 하면 그들의 마음을 움직일지를 궁리해서 온갖 종류의 기독교 교리를 책 속에 주입했다고 여기지만, 사실은 전혀 그렇지 않네."

"그렇지만《나니아 연대기》에 기독교적 요소가 많은 건 부인할 수 없는 사실이에요. 등장인물 중 하나는 죽었다가 다시 살아나기까지 하잖아요."

"톰, 내 책에 기독교적 요소가 많은 것은 내가 기독교인이기 때문일세. 진지한 불교 신자가 쓴 작품에는 불교적인 요소가 들어 있는 게 당연하고, 이는 힌두교도나 아메리카 원주민이나 무신론자의 경우에도 마찬가지일세. 우리가 인정하든 인정하지 않든 우리 모두에게는 각자의 세계관이 있네. 그리고 물론 작가의 경우 그의 작품에는 그의 세계관이 반영되게 마련이지."

"맞는 말씀이지만 그래도《나니아 연대기》에는 그 책을 쓴 의도가 너무 뚜렷해요."

"나는 기독교인(독실하고 사려 깊은 기독교인이었으면 하네만)으로서 늘 진지한 믿음에서 자연스럽게 우러나오는 생각들로 머릿속이 가득하다네, 어린이들을 교화할 목적에서 기계적으로 지어내는 생각들이 아니라."

"그렇지만《나니아 연대기》의 알레고리는 어쩌고요?" 내가 반박했다.

"그건 잘못된 생각일세. 사람들은 종종《나니아 연대기》를 알레고리로 여기지만 사실은 그렇지 않다네."

"하지만 사자가 그리스도를 상징하고 마녀가 사탄을 상징하는 게 아닌가요?"

"아닐세! 자네는 사람들이 성경을 읽을 때 흔히 저지르는 잘못을 범하고 있네. 사람들은 성경을 읽으면서 그 안에 깃든 참된 의미를 끌어내기보다는 자신들의 생각을 성경 본문에 투사하지. 내게 있어서 알레고리는 문학의 매우 특수한 범주라네. 번연의《천로역정》은 알레고리일세, 어떤 생각이나 원리가 인물이나 장소 등에 구현되어 있는. 내 작품 중에 알레고리를 꼽으라면《순례자의 귀향Pilgrim's Regress》을 들겠네. 하지만《나니아 연대기》는 달라. 알레고리적 요소도 있기는 하지만《나니아 연대기》는 알레고리라기보다는 가상문학(supposals)일세."

"'가상문학'이라뇨?"

"《나니아 연대기》를 처음 쓰기 시작했을 때 나는 알레고리가 아니라 가상문학을 쓸 생각이었네. 자, '나니아'라는 곳이 있다고 가정하고 그곳에 구원이 필요하다고 가정하세. 그리고 나니아에는 말하는 동물들처럼 판타지에 등장하는 온갖 생물체가 등장한다고 가정해보세. 하나님은 나니아를 어떻게 구원하실까? 등장인물이 주로 말하는 동물들이라면 하나님도 말하는 동물이 되실 걸세. 인간세계에서 하나님이 그리스도로 성육신하신 것처럼 말이지. 이런 가상적인 접근 방식에 대해 생각해본다면, 특히 알레고리의 본질에 비추어 생각해보면 《나니아 연대기》는 알레고리와 확실히 구분된다는 것을 알게 될 걸세."

"그러니까 《나니아 연대기》는 알레고리가 아니라는 말씀이시죠?" 나는 여전히 미심쩍었다.

"물론이지. 나는 문학을 전공한 학자로서 알레고리에 대해 연구를 많이 했네. 내가 문학 분야에서 최초로 성공을 거둔 책이 《사랑의 알레고리 The Allegory of Love》라네. 장담하건대 《나니아 연대기》는 진정한 의미에서의 알레고리가 아니야. 하지만 알레고리적 요소가 있다는 건 내 인정하지."

"그렇다면《나니아 연대기》는 뭔가요? 우화인가요?"

"'우화'라니, 이제 용어가 하나 더 늘어났군그래. 아슬란이 죽었다가 살아나는 것은 맞지만 그렇다고《나니아 연대기》가 알레고리가 되지는 않네."

"'신의 죽음과 부활' 같은 요소는 여러 문화권의 다양한 신화에서 발견되는 게 사실 아닌가요?" 나는 프레이저의《황금가지》에 대해 커크패트릭과 대화를 나눈 기억을 떠올렸다.

"그렇지. 그리고 앞서 설명했듯 나는 그 이야기들이 단지 하나님의 '참된 신화(그리스도의 죽음과 부활의 실재)'를 암시할 뿐이라고 생각하네. 자네는《나니아 연대기》가 어린이들에게 기독교 교리를 주입한다고 말하지만, 그건 결코 내가 의도한 바가 아닐세. 내가 기독교신자인 까닭에 책 속에 자연스럽게 기독교적 요소가 섞여 들어갔을 뿐이지. 나는 어린이들이 동화 속의 기독교 진리를 접함으로써 후일 이런 요소들(아슬란의 죽음 같은)을 떠올릴 수 있기를, 그리고 기독교와 연결시켜 생각할 수 있기를 바랐네."

"그러니까 전달하고 싶은 메시지가 있었던 거네요?"

"'메시지'라고 말하고 싶진 않네, 톰. 여러 문화권의 다양한 신화에는 하나님의 위대한 진리가 단편적으로나마 반영되어 있네. 기독교를 제외한 다른 이교 신화들에 반영되어 있는 단편적인 진리는 내가 '참된 신화'라고 부르는 것(그리스도가 정말로 이 세상에 태어나, 정말로 신약성경에 쓰여 있는 모든 일을 행하고, 정말로 죽었다가 다시 살아나신 일)으로 수렴된다네."

"그렇다면 기독교는 신화이긴 신화인데, 당신이 정말로 일어났다고 믿는 신화로군요?"

"자네는 기독교를 '신화' 또는 '우화'라고 부르는데, 어떤 면에서는 자네 말이 맞네. 기독교에는 신화적인 요소가 있으니까 말이야. 하지만 기독교의 신화적 요소들은 실제와 부합하네. 하나님을 재판에 회부한다면 종국에는 역사와 이성에 의해 그의 진리가 확고해질 걸세."

"잭, 설마 제게 성경에 나오는 그 모든 터무니없는 일들을 믿으라는 말씀은 아니겠죠? 소경이 눈을 뜨고 사람이 물 위를 걷는 따위의 일들을 말이에요."

"기적은 일어나지 않는다는 생각은 자네의 선입견일 뿐이야." 잭이 차분하게 말했다.

"《나니아 연대기》를 읽어보았나?" 잭이 물었다.

나는 살짝 당황해서 대답했다. "〈사자와 마녀와 옷장〉만 읽어보았습니다⋯⋯ 여러 해 전에."

"그렇다면 처음부터 끝까지 다시 읽어보게. 다 읽고 나서 '알레고리 대 가상문학'의 문제와 《나니아 연대기》가 기독교 교리를 주입하려는 목적에서 쓰였다는 자네의 선입견에 대해 다시 생각해보았으면 하네."

잠시 나는 멀리서 뛰어다니는 커다란 갈색 곰과 솔을 들고 그 뒤를 쫓는 남자에 정신이 팔려 잭의 그 다음 말을 듣지 못했다.

"뭐라고 하셨죠?" 나는 다시 대화에 집중하며 물었다.

"자네는 이성적인 사람과 상상력이 풍부한 사람 중 어느 쪽에 더 가깝다고 생각하나?"

"물론 이성적인 사람이죠. 상상력이 풍부해봤자 좋을 일이 뭐가 있겠어요? 하지만 이성은 우리에게 많은 도움이 됩니다. 과학적인 방법이라든가 이성적 추론 같은 것들은 매우 유용하지요."

잭이 미소를 지었다.

"왜 웃으시죠?"

"자네는 무신론자였을 때의 나처럼 말하는군."

"그렇다면 그 때의 생각이 옳았던 겁니다."

"그 때는 나도 그렇게 생각했다네. 하지만 한 가지 문제가 있었어. 바로 내가 판타지와 상상의 세계를 무척이나 좋아한다는 거였지. 판타지와 상상의 세계는 내게 얼마 안 되는 기쁨의 원천이었기에 나는 이를 매우 소중히 여겼네. 가만히 요정의 나라에 다가가다 보면 이루 말할 수 없는 기쁨에 휩싸이곤 했지. 내가 이성과 상상력을 조화시킬 수 있게 된 것은 기독교인이 되고 나서도 여러 해가 지난 다음의 일이었네."

"이성이 뭐가 문제라는 거죠? 이성은 높이 평가받아 마땅해요. 아닌가요?" 내가 말했다.

"자네에게 이성은 일종의 신 같은 것이 되어버렸어. 그러나 어찌 되었든 자네는 핵심을 놓치고 있네. 이성과 상상력을 조화시킨다는 것은 둘 중 어느 하나를 포기한다는 의미가 아닐세. 내가 말하고자 하는 것은 시간의 흐름과 더불어 이성과 상상력에 대한 내 생각이 발전하면서 내가 상상력이 풍부하면서도 이성에 기초한 작품들(예컨대《나니아 연대기》나《우리가 얼굴을 찾을 때까지》《말콤에게 보내는 편지》등)을 쓸 수 있었다는 걸세. 나는 이성과 상상력 사이의 갈등에서부터 자유로워졌고, 간단히 말해서 그 두 가지 모두가 내 삶에 중요한 역할을 하고 있음을 알게 되었네."

"그럼 당신이 상상력을 중시하는 이유는……."

"상상력이 풍부한 문학작품을 읽으면 또 다른 생각과 또 다른 세상이 펼쳐지네. 이 시대의 위대한 대화에 참여하게 된다고도 할 수 있지. 자네는 자네가 직접 본 것만으로 충분한가, 톰? 다른 사람의 시각과 생각 또한 알고 싶지 않은가? 수천 명의 남녀가 경험한 세계와 사상을 음미하고 탐구하고 즐기고 분석하고 숙고하고 싶지 않은가?"

잭은 대답을 기다리지 않고 상상력과 위대한 문학작품이 갖는 힘에 대해 열변을 토했다.

"스스로를 이성의 세계에 가둬두지 말게. 이성이 아무리 강력하고 유용할지라도 말이야. 상상력을 발휘하여 세상과 그 안에 있는 모든 것을 이해하려 애써보게. 자, 보게나. 자네는 벌써 형체가 또렷해지기 시작했어."

나는 또다시 내 손을 들여다보았다. 손은 이제 투명하지 않았다. 그때 길고 요란한 짐승의 포효가 들려왔다. 소리 나는 쪽을 돌아보니 푸른 언덕 꼭대기에, 내가 처음 황금 문을 지날 때 본 사자가 앉아 있었다. 보통의 평범한 사자가 아니라 대단히 크고 몸에서 빛이 나는 사자였다.

"저 사자는 위험할까요?" 내가 물었다. "제 말은, 저 사자가 길들여진 동물이냐 하는 겁니다."

"아니." 잭이 미소 띤 얼굴로 잠깐 말을 멈췄다가 다시 말했다. "하지만 순하다네."

다시 쳐다보니 사자는 사라지고 없었다. 대신 우리를 향해 뛰어오는 켄타우로스가 보였다. 엄청나게 큰 켄타우로스여서 그의 깊고 푸른 눈을 보려면 고개를 들어 위를 올려다보아야 했다.

"잘 오셨습니다, 아담의 아들들이여." 켄타우로스가 성량이 풍부하고 울림이 좋은 목소리로 말했다.

"반갑네." 잭이 그 거대한 짐승에게 고개를 숙여 보이며 내게도 똑같이 하라는 신호를 보냈다.

"오랜만에 뵙는군요, 잭 경."

"정말 오랜만일세, 앨리토스."

"황제의 아드님께서 저를 보내셨습니다. 그런데 이 분은 누구신지요?" 켄타우로스가 나를 보며 말했다.

"이 사람은 토머스 클러크일세. 나와 함께 여행을 하고 있다네."

"잘 오셨습니다, 토머스. 병이 든 아담의 아들이로군요. 두려워 마세요. 잭 경이 옆에 있으니 분명 병이 나을 겁니다."

나는 고개를 끄덕였다.

"저를 따라오세요." 켄타우로스가 말했다. 우리는 거대한 켄타우로스를 따라 다시 언덕을 올랐다. 언덕 위에는 말뚝이 세 개 박혀 있었는데, 마치 출입문의 문틀 같았다. 나는 문득 사자에 대해 물어보고 싶어졌다.

"저…… 사자를 만나볼 수 있을까요?" 나는 켄타우로스에게 물었다. 내 안에서 희망이 솟구쳤다.

"그는 당신을 만날 준비가 되어 있습니다……." 나는 가슴이 뛰었지만, 앨리토스는 곧 다음과 같이 말을 이었다. "그러나 당신은 아직 그를 만날 준비가 되어 있지 않습니다. 당신이 살던 세상으로 돌아갈 시간입니다, 토머스. 하지만 당신이 살던 시간으로 돌아가지는 않을 겁니다. 인간세상에서 사자를 찾아보세요. 다만 그곳에서 그는 사자가 아닐 겁니다."

문틀을 쳐다보니 그 너머에 놀라운 광경이 펼쳐졌다. 먼저 잭이 어린 시절을 보낸 리틀 리가 보였다. 잭과 워니가 또다시 정원에서 구덩이를 파고 있었다. 그 다음에는 잭의 스승인 커크패트릭이 정원 일을 하는 모습이 나타났고, 잭이 1차 대전 당시 참호 속에서 싸우는 모습도 보였다. 그러고는 갑자기 옥스퍼드 대학교에 있는 잭의 연구실로 장면이 바뀌었다. 잭은 늘 그렇듯 열정적으로 학생들을 가르치고 있었다. 그 다음에는 BBC 방송국 녹음실에 앉아 있는 잭의 모습이 보이고, '독수리와 아이'에 모인 친구들이 보였다. 잭과 톨킨, 윌리엄스,

워니가 파안대소했다. 잭이 조이와 결혼식을 올린 병원(잭이 조이의 침대 가장자리에 앉아 그녀의 손을 붙들고 책을 읽어주고 있었다)이 보이고, 마지막으로 잭의 집인 킬른스가 보였다. 킬른스는 전에 보았을 때처럼 평화로웠다.

"평안히 가시오, 아담의 아들들이여." 거대한 켄타우로스가 말했다. 나는 그가 문 옆에 있다는 사실을 깜박 잊고 있었다.

"잘 있게, 앨리토스." 잭이 살짝 고개를 끄덕이며 말했다.

"잘 있어요." 내가 조용히 덧붙였다. 우리는 문틀을 지나 킬른스로 돌아왔다.

다시 잭의 집에서

킬른스로 돌아와 차를 마시며 천국과 지옥, 영원불멸에 대해 토론한다.
그 후 나는 또다시 잭과 헤어진다.

영원불멸과 지옥,
그리고 위대한 이야기

우리가 걸어 나오자 문틀은 홀연히 사라져 버렸다. 나는 눈이 부셔서 손으로 햇빛을 가렸다.

"이제 무얼 하죠?" 내가 물었다.

"이젠 더 이상 바깥을 배회하지 말고 집 안으로 들어가세나." 잭이 대답했다. 그는 정문 쪽으로 다가가 문을 열고 안으로 들어갔다.

집 안은 생각보다 작았다. 어쨌든 잭은 옥스퍼드 대학교와 케임브리지 대학교 교수였고 책도 여러 권 썼기 때문에 나는 그의 집안 살림이 꽤 윤택할 줄 알았다. 하지만 잭은 물질적 부와 소유물에는 별로 관심이 없는 듯했다. 대신 사방이 서가였다. 서가의 대부분은 마루에서 천장까지 잇닿아 있었으며, 그 안에 빼곡히 들어찬 책들 중에는 새

책도 있고 오래된 책도 있었다. 테이블과 책상, 의자 위에도 책이 놓여 있었다. 어쩐지 잭은 책을 수집하기만 하는 게 아니라 그 대부분을 읽었을 것 같았다.

"이리 오게. 휴게실에서 좀 쉬자고."

나는 잭을 따라가다가 멈춰 서서 정면을 응시했다. 내가 따라오지 않는 것을 안 잭이 뒤를 돌아보았다.

"여기가……."

"여기가 〈사자와 마녀와 옷장〉에 나오는 방이냐고?" 잭이 말했다. "꼭 그렇진 않다네. 하지만 많은 사람들이 그렇게 물어보지."

우리 앞에는 장식이 새겨진 커다란 옷장이, 몇 시간 전 내 병실에서 우리가 지나온 것과 똑같이 생긴 옷장이 있었다.

"우리 할아버지가 만드셨다네." 잭이 옷장을 어루만지며 자랑스럽게 말했다. "얼마나 많은 사람들이 이 옷장의 안쪽을 만져보고 싶어 했는지 모를 걸세. 우습게도 그들 대부분이 성인들이었지. 걱정할 것 없네, 톰. 내가 알기로 이건 보통의 옷장이니까. 어쩌면 그렇기 때문에 내 이야기에 적합한 소재가 되었는지도 모르지. 평범한 것이 특별한 것으로 바뀐다는 점에서 말일세. 나중에 다시 살펴볼 기회가 있을 거야. 혹시 또 누가 아나? 그 안에 무슨 마법이 깃들어 있을지."

우리는 잭이 휴게실이라 부른 곳으로 갔다. 창가 쪽에 잔뜩 어질러진 책상과 의자가 있고, 그 옆으로 안락해 보이는 천 의자와 스탠드가 있었다. 이곳에도 역시 서가가 눈에 띄었다. 잭은 천 의자에 앉아 내가 미처 보지 못한 또 다른 천 의자에 앉으라고 손짓을 했다.

"잭?" 어디선가 목소리가 들려왔다. "잭, 너냐?" 워런이 우편물 꾸러미를 들고 문가에 서 있었다. "아, 너였구나. 다시 보게 되어 반갑네, 톰. 여기 이건 오늘 온 우편물들이야." 그는 꽤 많은 우편물을 책상에 내려놓았다. "차를 마시려고 하는데, 좀 가져다줄까? 케이크도 있어."

"그래, 부탁해, 워니."

"알았어. 나중에 한잠 자두는 편이 좋겠는걸, 잭. 오늘 피곤해 보여." 워런은 그렇게 말하고 방을 나갔다.

"우편물이 제법 많군요." 내가 말했다.

"그렇지. 워니가 도와주지 않았더라면 나 혼자 어떻게 해야 할지 몰랐을 거야. 라디오 강연을 한 이후로 우편물이 늘어났다네."

"편지에 일일이 답장을 하세요?"

"그렇다네. 발신인 난에 '여호와'라고 쓰는 웬 미친 사람이 보낸 편지를 빼놓고는 말일세."

"시간을 더 유용하게 보내실 수도 있을 텐데요."

"과연 그럴까?" 잭은 의자 뒤로 몸을 기대며 다리를 꼬았다. "그건 사람들을 어떻게 보느냐에 달렸네."

"무슨 뜻이죠?"

"사람들이(비록 낯선 사람들일지라도) 중요하다고 생각하느냐 그렇지 않느냐에 달렸지."

"저는 그냥 편지를 보낸 사람들 모두가 답장을 기대하고 보낸 것은 아닐 것이라는 뜻으로 한 말이었어요. 당신은 바쁜데 몸은 하나뿐이니까요. 저 사람들은 좋아하는 저자에게서 편지를 받아보고 싶어하는 팬일 뿐이고요."

"팬? 재미있는 말이로군. 보통 편지가 오면 답장을 보내는 게 예의가 아닌가. 게다가 낯선 사람들일지라도 하나님의 형상대로 지음 받았고……." 나는 드디어 올 게 왔구나 싶었다. "그러니까 그들은 모두 시간을 투자할 가치가 있는 사람들인 거지. 자네와 나처럼 그들도 영원히 살 사람들이라네. 우리 모두는 서로를 위해 시간을 내야 해. 누구도 사람들을 무시하거나 함부로 대해서는 안 되네. 서로에게 예의를 갖추어야지."

워런이 차를 가지고 돌아왔다. "여기 차 가져왔어." 그가 쟁반을 책상 위에 내려놓으며 말했다.

"고마워, 워니. 같이 마실 테야?"

"아니, 나는 방에서 책이나 읽으며 좀 쉴까 해." 워런은 이렇게 말하고 방을 나갔다.

잭이 주전자에서 차를 따르며 물었다. "자네도 한 잔 마실 텐가?"

"네."

그는 내게도 한 잔 따라주었다. 우리는 잠시 조용히 차를 음미했다.

"아, 어디까지 얘기했더라?"

"사람들이요?"

"맞아, 사람들. 그리고 영원불멸에 대해 얘기했지."

"저는 영원불멸을 믿지 않아요. 그건 어린아이의 소망 같은 거예요. 현실을 부인하고 죽음을 거부하는……."

"그렇게 말할 줄 알았네. 하지만 자네는 지금 오래 전에 죽은 나와 대화를 나누고 있지 않은가?"

"저는 지금 꿈속에서 당신을 보고 있는 거예요. 아니면 환각상태이든가. 무의식의 작용이죠. 곧 끝날 거예요."

"자네의 바람대로 될 게야. 하지만 영원불멸의 문제는 꿈이 아닐세. 그건 실제적인 이슈야."

"그동안 제 생각을 말씀드린 줄 아는데요. 사후에 우리는 존재하지 않아요. 한때 우리를 구성하던 것은 전부 사라져버리지요. 듣기 좋은 소리는 아니지만 만약 하나님이 존재하지 않는다면, 그리고 이 우주가 우연의 산물이라면 우리는 단지 짧은 기간 동안만 이곳에 머무는 것이고, 죽으면 그걸로 끝이에요."

"이해하네. 자네는 무신론의 틀 안에서 가장 논리적인 결론을 이야기했어. 그러나 만약 기독교가 진리라면 어찌할 텐가?"

"그렇다면 제가 틀린 거겠죠. 하지만 만약 무신론이 참이라면, 그때는 당신이 틀린 거예요." 나는 이렇게 말한 뒤 다음과 같이 덧붙였다. "아니면 우리 둘 다 틀렸는지도 모르지요."

"맞아. 또다시 논리가 등장하는군. 다른 점이 있다면 내 쪽의 증거가 더 유리하다는 걸세. 잠깐 내 말을 좀 들어보게. 영원불멸이, 다시 말해서 우리가 어떤 형태로든 영원히 사는 게 가능하다고 가정해보세."

"좋아요, 하지만 어디까지나 논의를 위한 가정입니다."

"알겠네. 어쨌든 우리가 영원히 산다면 인간은 참으로 중요한 존재일세. 인간에 비하면 언젠가는 사라지고 말 국가나 문명 따위는 아무것도 아니지. 하지만 인간의 영원불멸보다 더 중요한 것은 우리가 어디서 영원한 삶을 누리는가 하는 걸세."

"설마 지옥에 대해 말씀하시려는 건 아니겠죠? 그건 정말 고리타분한 교리라고요."

"'고리타분'이라는 말을 들으니 또다시 '시간과 관련한 속물근성'이 생각나는군. 지옥에 대한 논의는 영원불멸에 대한 논의의 일부일세. 다행히 천국 같은 보다 희망적인 것들에 대해서도 이야기할 수 있고 말이야."

"천국에 대한 논의는 지옥에 대한 논의보다 더 끔찍해요. 천국에는 하프 소리가 들리고 황금으로 덮인 길이 있다면서요? 그런 터무니없는 말을 믿으세요, 잭? 그냥 듣기 좋은 소리라는 걸 모르시겠어요? 흔히들 말하는 '그림의 떡' 같은 거라고요."

"모르겠네. 그리고 자네 말을 들으니 진리와 관련한 진짜 문제는 '그림의 떡'이 존재하느냐 존재하지 않느냐의 문제인 것 같군. 자네가 말한 하프와 황금의 이미지는 믿는 사람들에게 그들이 기다리는 것을 단편적으로나마 보여주는 멋진 상징이지." 잭은 차를 한 모금 마신 뒤 케이크에 손을 뻗었다. 그는 케이크를 한 입 베어 먹고는 기침을 했다.

"괜찮으세요, 잭?" 잭은 금방 기침이 멎었지만 피곤해 보였다. 열이 나는지 얼굴도 상기되어 있었다.

"괜찮아, 고맙네. 기독교에서는 모든 사람이 영원불멸한다고 가르치지. 사람은 누구나 궁극적으로는 천국 아니면 지옥, 둘 중 하나를 마주하게 될 게야.”

"그럼 연옥은요? 당신은 연옥도 믿으시잖아요. 잃어버린 영혼들에게 또 한 번의 기회를 주는 곳이 연옥 아닌가요?"

"사람들이 내가 연옥에 대해 어떻게 생각하는지를 끊임없이 설명하려 드는 데에는 정말 놀라지 않을 수 없네. 내 생각에 연옥은 하나님의 진리를 거부한 사람들을 위한 곳이 아니라 구원받은 영혼들을 깨끗케 하는 곳일세. 그것은 마치 이를 뽑는 것과 같다네. 사후에 깨끗케 되는 것이지. 《신곡》에서 보듯 연옥은 이미 믿는 사람들을 정화시키는 곳일세."

"그렇다면 《천국과 지옥의 이혼》은 어떻게 된 거죠? 그 책에서 당신은 사람들이 지옥에서 천국으로 여행을 한다고 쓰셨잖아요."

"《천국과 지옥의 이혼》은 신학적 판타지라네. 또 하나의 가상문학인 거지. 그 책을 체계적인 신학서로 읽지 않았으면 하네. 그것은 매일의 선택이 우리의 운명에 어떤 영향을 끼치느냐 하는, 교훈적인 이야기에 가깝네. 자, 이제 다시 천국과 지옥에 대한 이야기로 돌아가서……."

"잠깐만요. 왜 천국 아니면 지옥인 거죠? 하나님은 잃어버린 영혼이 하나도 없는 세상을 창조할 수는 없는 걸까요?"

"그런 세상은, 다른 말로 하자면 모두가 구원받는 세상일세. 보편구원론인 거지. 많은 사람들이 자네와 같은 생각이겠지만, 그렇게 되면 또 다시 자유의지의 문제가 대두돼. 사람들 중에는 그냥 믿지 않기로 한 사람들도 있네. 그들은 초월자의 간섭을 원치 않고, 하나님은 그런 그들의 소망을 존중하시네."

"그럼 그런 사람들은 지옥에 가나요?"

"나는 지옥의 교리를 좋아하지 않는다네, 톰. 사실 기독교의 가르침에서 이것을 빼버릴 수만 있다면 그렇게 하고 싶지만, 지옥의 교리는 성경과 주님 말씀에 뚜렷이 나타나 있네. 어떤 사람들은 끝까지 회개하지 않는데, 그런 사람들은 어떻게 할 것인가? 그들이 선택한 대로 지옥에 있게 내버려두어야겠지."

"더 나은 해결책은 없을까요? 일시적으로 지은 죄 때문에 영원히 고통 받는 것은 너무 심하잖아요. 하나님은 왜 믿지 않는 사람들을 그냥 쓸어버리지 않나요?"

"자네의 질문은 두 가지로 나뉘네. 첫째는 일시적으로 지은 죄, 즉 유한한 삶을 살아가는 동안 지은 죄 때문에 영원한 형벌을 받는 것이 부당하지 않은가 하는 것이고, 둘째는 사람들을 쓸어버리는 것이 지옥의 대안이 될 수 있는가 하는 것일세. 우선 첫 번째 질문부터 생각해보기로 하세."

"계속하세요."

"자네 말은 (내가 잘못 말한 게 있다면 지적해주게.) 기독교인들의 생각처럼 지옥이 영원하다면, 그런 지옥에 떨어지는 게 부당하다는 거지? 지옥에 떨어진 사람들은 이 세상에 사는 동안만 죄를 짓는데 말이야. 일시적으로 지은 죄에 영원한 형벌을 가하는 것은 얼핏 불공평해 보이네."

"불공평해 보인다고요? 실제로 불공평하죠."

"너무 서두르지 말게. 자네는 영원이 단지 시간의 연장일 뿐이라는 듯이 말하는군. 하지만 그렇게 되면 다시 자유의지의 문제로 돌아가게 돼. 지옥에 떨어진 사람들은 회개할 기회가 수백만 번이 주어져도 거듭거듭 거부할 테고, 그 사실을 하나님은 잘 알고 계시네. 자네는 지옥을 감옥으로 여기지만 사실 지옥은 그 안에 있는 사람들의 선택일세. 하나님은 사람들의 선택을 존중하시는 거고. '너희 뜻대로 이루어지리라' 하고 하나님은 말씀하시네. 하나님을 거부하는 사람들은 내가 쓴 《마지막 전투 *The Last Battle*》에 나오는 난쟁이들처럼 천국을 보려 하지 않는 걸세. 자기들의 근시안적인 시각에 갇히고 만 거지."

"별로 만족스러운 대답은 아니지만 한번 생각해보지요. 그럼 이제 사람들을 멸절시키는 것에 대해 말씀해주세요. 사람들을 지옥에 떨어뜨리는 대신 (혹은 당신 말씀처럼 그들의 선택을 존중하는 대신) 그냥 그들을 쓸어버리면 왜 안 되는 거죠?"

"나도 한때는 그렇게 생각했네만, 이제 더 이상은 그렇지 않네. 사람들을 쓸어버린다는 따위의 이야기는 성경의 가르침에는 나오지 않아. 예수는 마태복음에서 '저주를 받은 자들아 나를 떠나 마귀와 그 사자들을 위하여 예비된 **영원한 불**에 들어가라' (마태복음 25장 41절-역주) 하고 말씀하셨네. 그러고는 '그들은 **영벌**에 들어가리라' (마태복음 25장 46절-역주) 하고 덧붙이셨지. 나는 신학자는 아니지만 성경 본문을 통해 지옥이 영원하다는 것을 알게 되었네. 그러므로 사람들을 (지옥에 보내는 대신) 쓸어버린다는 것은 생각할 수도 없는 일이지. 인간은 천국과 지옥 중 하나를 선택할 수밖에 없네."

나는 아무 대답도 하지 않았다. 내게 지옥은 아직도 야만스러운 구시대의 유물 같았다. 목사나 부모가 아이들을 겁주려고 써먹는 이야기인 것이다. 하지만 잭의 논리를 이해할 수는 있었다. 잭이 정말로 성경말씀을 믿는다면 그 안에 나오는 예수의 언행도 믿을 것이고, 따라서 예수가 지옥에 대해 그런 말을 한 게 사실이라면 잭은 당연히 그 말을 믿을 것이다.

"그럼 천국은요?"

"천국은 우리의 본향, 즉 하나님이 애초에 의도하신 대로 원래 우리가 있어야 할 곳이지." 잭이 차를 홀짝이며 대답했다.

"하지만 천국이 정말로 있는지 그렇지 않은지를 어떻게 알지요? 이번에는 성경에 기대지 말고 말씀해보세요."

"성경에 기댈 것도 없네. 천국의 실재는 우리의 동경 내지 갈망(내 식으로 말하자면 기쁨)과 긴밀히 얽혀 있네."

"리틀 리에서도 그런 말씀을 하셨지요. 하지만 저는 아직도 동경이 어떻게 천국을 드러내 보여준다는 건지 잘 이해가 안 갑니다."

"오, 하지만 사실이 그렇다네. 이 세상에서 우리가 경험하는 모든 갈망에는 그것을 실현시킬 수단이 존재하네. 우리는 배가 고프면 음식을 먹네. 그리고 성욕에 대해서는 하나님이 한 남자와 한 여자에게 정해주신 결혼관계가 이상적인 해결책이 되어줄 걸세. 하지만 내 안에 이 세상의 그 무엇으로도 만족시킬 수 없는 갈망이 있다면? 그리고 이 갈망을 해결하려고 전 생애를 통해(여행이든 이성교제든 취미생활이든 그 무엇을 통해서든) 찾아 헤매도 찾지 못한다면? 내가 찾지 못한 이유는 내 안의 갈망이 다른 세상, 즉 우리의 본향에서 충족될 운명이기 때문이 아닐까? 나는 그렇게 생각하네."

"그건 지나친 단순화로 보이는데요."

"그런가? 아우구스티누스와 파스칼은 동경의 참된 의미를 알고 있었네. 아우구스티누스는 《고백록Confessions》에서 하나님 안에서 안식을 얻기까지는 우리 마음에 평안이 없다고 말했지. 파스칼은 사람들이 삶의 공허를 채우기 위해 애쓰지만 '이 끝 모를 심연은 무한하고 변치 않는 존재, 즉 하나님에 의해서만 채워질 수 있다'고 썼네. 우리의 본향, 즉 하나님의 실재를 토대로 한 천국은 이러한 동경이 실현되는 곳일세. 이 세상에서는 불가능하지만, 천국으로 눈을 돌리면 이 세상의 그 무엇으로도 만족시킬 수 없는 우리 마음속 깊은 곳의 갈망에 대한 답을 얻을 수 있네."

"그럼 마음속에 이런 갈망과 동경이 없는 사람은요?"

"스스로 인정하거나 깨닫지 못할 뿐, 우리 모두에게는 이런 갈망이 있네. 사람들은 마음속 깊은 곳에서는 무언가 잘못됐음을 알면서도 불안과 초조 속에 살아가네. 그들은 잡다한 일에 마음을 빼앗겨 스스로를 돌아볼 시간을 내지 못하지. 소크라테스는 '음미되지 않은 삶(the unexamined life)은 살 가치가 없다'고 말했네."

"그 말에는 동의하지만 당신의 결론에는 동의할 수 없습니다."

"톰, 자네에겐 아직 선택할 시간이 남아 있네. 삶은 위대한 이야기라네. 하지만 이 세상(현재의 삶)은 하나님이 우리 각자에게 바라시는 것의 그림자에 지나지 않아. 하나님의 위대한 이야기는 영원히 계속되며 점점 더 발전한다네. 자네가 올바른 선택을 했으면 좋겠네, 톰. 그래서 본향에 들어갔으면……. 증거가 이끄는 대로 따라가게. 이제 나는 떠나야 해."

우리는 휴게실에서 나와 복도를 지났다. 잭이 어느 침실 앞에서 멈춰 섰다. 방안을 둘러보니 벽에 기대 세워진 두 개의 책장에 책이 가득했고, 그 앞에는 독서용 의자가 놓여 있었다. 그런데 놀랍게도 침대 위에 잭이 누워 있는 게 아닌가! 늙고 병든 잭이. 나는 깜짝 놀라서 내 오른편에 있는 또 다른 잭, 즉 지난 몇 시간 동안 나와 대화를 나눈 잭을 돌아보았다. 그는 생명의 불꽃이 점점 사위어가듯 몸이 투명해져 있었다. 잭은 침대 위의 자신에게 눈길을 준 뒤 나를 쳐다보며 조용히 말했다.

"나는 떠날 준비가 되었네. 이 세상에서 하고자 했던 일은 다 했다고 워니에게 말해주었지."

나는 침대에 누워 있는 잭을 걱정스럽게 쳐다보았다. 그에게는 우리가 보이지 않는 듯했다. 내가 걱정하는 기색을 알아차린 잭이 물었다.

"내가 그렇게 안 좋아 보이나?"

나는 대답하지 않았다. 그가 정말로 안 좋아 보였기 때문이다.

"그래, 꽤 피로해 보이지? 나는 죽어가고 있네. 오늘은 매우……."
잭은 말을 더듬었다. "매우 정상적으로 시작된 하루였지. 아침식사 후에 워니가 우편물을 가져와서 함께 살펴보았네. 내게 강연을 의뢰하는 초청장도 하나 있었지. 나는 수락하고 싶었지만 내 몸이 견디지 못하리라는 것을 알고 있었어. 그래서 워니에게 정중한 거절의 편지를 쓰게 했지."

그는 딱히 누구에게랄 것도 없이 희미하게 말했다.

"우편물을 살펴본 뒤에는 낱말맞추기 퀴즈를 풀었어. 점심을 먹고 의자에서 잠깐 졸았지. 눈을 뜨자 워니가 침대에서 편히 자라고 했어. 그때 워니와 마지막으로 대화를 나눴지. 나는 떠날 준비가 됐어. 셰익스피어의 《리어왕 King Lear》에 나오는 구절처럼 '인간은 죽음을 인내해야 해.'"

조용히 문 두드리는 소리가 났다.

"잭? 잭, 차를 가져왔어."

워런이 문을 열고 들어왔다. 그는 우리를 보지 못한 듯 그대로 우리를 통과해 침대 옆의 탁자에 찻쟁반을 내려놓았다. 내 손을 들여다보니 다시 투명해져 있었다.

"고마워, 워니." 침대에 누워 있는 잭이 말했다.

"잠이 오나 보구나." 워니가 말했다.

"음, 졸려. 하지만 금방 지나갈 거야. 확실해."

"좋아. 필요한 게 있으면 불러."

"고마워, 워니."

워런이 조용히 문을 닫고 나갔다.

"당신이 죽는다고요?" 내가 물었다.

"그렇다네. 그건 누구나 마찬가지야. 자네도 마찬가지일세, 톰."

잭은 진지한 표정으로 나를 보며 말을 이었다. "우리는 의미 있는 대화를 나누었네. 자네는 영민하지만 고집스러운 데가 있어. 선택을 하기까지 너무 오랜 시간을 허비하진 말게. 증거를 따라가게나."

"제겐 확신이 필요해요." 내가 말했다. "잘못된 선택을 하고 싶진 않으니까요."

"하지만 자네는 이미 선택한 것처럼 살고 있잖나."

"당신 말씀이 맞아요." 내가 대답했다. 그때 벽에 걸린 달력이 눈에 들어왔다. 1963년 11월 22일. 나는 달력을 가리키며 말했다. "잭, 저건 케네디가 암살되던 날이잖아요……."

잭은 내 말에는 대답하지 않은 채 슬픈 얼굴로 나를 처다보았다.

"이제 가야할 시간이네, 톰." 그는 침대로 다가가 그 위에 누워 있는 잭과 합쳐졌다. 이제 방 안에는 병들고 지쳐 보이는 잭밖에 없었다. 그는 일어나려 했으나 쿵 하고 굴러 떨어졌다. 나는 재빨리 그의 옆에 무릎 꿇고 앉아서 한 팔로 그의 목을 받쳤다.

"잭? 잭! 워니!" 내가 외쳤다.

"괜찮네, 톰." 잭이 나를 올려다보며 속삭였다. "나는 자네가 걱정스러워." 그가 기침을 해댔다. "자네에겐 아직 희망이 있네, 톰. 살아 있는 한 아직 희망은 있어. 내겐 이것이 마지막일세." 갑자기 그의 눈에 기쁨의 빛이 가득했다.

"왜 그러세요?"

"워니의 장난감 정원을 보았네. 아니, 그건 정원이 아니라 그 분이었어. 오, 주님……." 그는 더 이상 말을 하지 않았다.

문밖에서 발소리가 들렸다. 나는 조심스럽게 잭의 머리를 마루에 내려놓은 후 뒤로 물러섰다. 워런이 들어왔다. 여전히 나를 알아보지 못했다. 그는 놀란 얼굴로 잭 옆에 앉았다.

"잭. 잭? 오, 안 돼……. 안 돼……. 이렇게는 안 돼. 아직은 아니야." 워런은 동생을, 이제는 숨이 멎은 C. S. 루이스를 안고 울었다. 내 눈에서도 눈물이 흘렀다. 나는 차마 볼 수가 없어서 손으로 눈을 가렸다.

  그러고는 비칠비칠 방에서 빠져나왔다. 문득 걸음을 멈추고 보니 내 앞에 옷장이 있었다. 열린 문 사이로 내가 입원해 있던 병실이 보였다. 사람들이 내 침대를 에워싼 채였다. 나는 조심스럽게 옷장을 통과했다.

에필로그

하나님을 찾는 여행을
시작하다

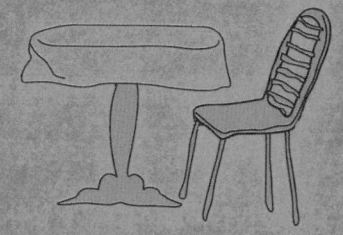

나는 여전히 손으로 얼굴을 가린 채 잠시 가만히 서 있었다. 옷장이 사라졌다. 천천히 손을 내리자 잭이 처음에 앉아 있던 그 보기 흉한 비닐의자가 눈에 띄었다. 나는 다시 병실로 돌아온 게 분명했지만, 내 앞에는 낯선 광경이 펼쳐졌다.

의료진 몇 명이 내 침대 주위로 황급히 모여들었다. 나는 내가 없어진 것 때문에 그러는 줄 알고 그들에게 소리 질렀다.

"나 여기 있어요. 나 여기 있다고요! 내가 돌아왔어요. 난 멀쩡해요!"

그러나 그들은 대답하지 않았다. 대신 다급하게 서로 대화를 주고

받았다. 삐삐거리는 소리가 빠르게 반복되다가 '삐' 하고 길게 이어지는 소리로 바뀌었다.

"그만 할까요, 선생님?" 간호사가 물었다.

"아니, 한 번 더 해보지." 누군지 모를 남자의 목소리가 대답했다.

"괜찮아요. 내가 돌아왔다고요!" 내가 소리쳤지만 여전히 아무 반응이 없었다. 몇 발짝 더 다가가서 보니 놀랍게도 내가 초췌한 얼굴로 침대에 누워 있었다. 의사가 내 가슴에 심장소생기를 대고 충격을 가하자 상체가 들리는 듯했다. 여전히 숨이 멎은 상태로 '삐' 소리가 계속되었다. 내 손을 들여다보니 여전히 투명했다.

나는 혼란에 휩싸였다. 잭이 분별 있는 말을 했지만 나는 받아들일

준비가 되어 있지 않았다. 진리를 추구함에 있어서 항복을 하거나 패배를 인정할 준비가 되어 있지 않았다. 삶의 끈을 놓아버리기란 어렵지 않으리라. 그러나 그 다음엔 어찌할 것인가? 잭이 옳고 내가 틀렸다면? 하나님이 정말로 계시고, 그가 그리스도를 통해 했다고 믿어지는 일들을 정말로 하셨다면? 그렇다면 좀더 생각해보아야 하지 않을까? 나는 죽음에 굴복하지 않을 것이다. 아직은…….

의사가 시계를 들여다보았다. "사망 시간……."

그러나 나는 죽지 않았다. 나는 잭이 그랬던 것처럼 내 몸에게로 다가가 그 안에 들어갔다. 눈을 뜨고 숨을 내쉬었다. 쇠약해진 몸에 또다시 통증이 엄습하면서 삐삐거리는 소리가 되살아났다. 의사와 간호

사들의 눈이 휘둥그레졌다.

 마침내 그들은 나를 살려낸 후 휴식을 취하게 했다. 그러나 잠이 오지 않았다. 잭과의 대화가 자꾸 생각났다. 그 모든 게 실제로 일어났던 일일까, 아니면 내가 죽어가면서 헛것을 본 것일까?

 몇 분 후 간호사가 들어왔다. 그녀가 누군지 알 것 같았다. 비록 내게 분홍색 슬리퍼를 가져다주긴 했어도 지난 몇 주간 내가 병원 생활을 해나가는 데 많은 도움을 준 간호사였다.

 "클러크 씨, 좀 주무세요." 그녀가 미소를 지었다.

 "그러려고 하는데 머릿속이 복잡해서요." 내 목소리는 매우 가냘프게 들렸다. 나는 통증 때문에 얼굴을 찡그렸다.

"죽다 살아났는데도 그렇단 말이에요? 클러크 씨, 희망은 있어요. 우리에겐 언제나 희망이 있답니다." 그녀는 창가로 가서 커튼을 열어젖혔다. "저길 좀 보세요. 폭풍우가 지나갔어요."

"이제 해가 떠오르겠죠. 새벽이 밝아오고 있어요." 그녀는 창 쪽을 가리키며 미소 짓고는 돌아서서 나갔다.

얼핏 식판 위에 놓인 《순전한 기독교》가 눈에 들어왔다. 책이 어디서 났냐고 물었을 때 나는 낯선 사람에게 어디까지 말해야 좋을지 몰라서 우물쭈물했었다. 그 때 잭에게 아내(라기보다는 전부인)가 주었다고 말했더라면 좋았을 텐데. 그녀는 달라졌다. 나도 안다. 하지만 그 변화의 어디까지가 그녀의 바람에 기인한 것이고 어디까지가 하나님의

존재에 근거한 것일까?

　잭은 증거가 이끄는 대로 따라가라고 말했다. 좋은 충고인 듯하다. 《순전한 기독교》를 다시 한 번 읽어보아야 할 것 같다…… 다시 한 번 잭의 말에 귀를 기울여야 할 때인 것 같다. 나는 책을 집어 들고 읽기 시작했다.

감사의 말

존 던은 "인간은 섬이 아니다"라고 썼다. 책도 마찬가지이다. 나는 훌륭한 저서를 남긴 C. S. 루이스와 풍부한 참고자료를 저술한 루이스 연구자들에게 많은 것을 빚졌다. 《C. S. 루이스와 함께한 하루》는 소설 형식을 띠고 있지만 이 안에는 사람들과 장소 및 사상(사상의 해석 문제와는 별도로)에 대한 사실적 정보가 담겨 있다. 1차적인 전기자료로는 조지 세이어의 《잭과 루이스 Jack》와 더글러스 그레셤의 《렌턴 랜즈와 잭의 일생 Lenten Lands and Jack's Life》, 로저 랜슬린 그린과 월터 후퍼가 공저한 《C. S. 루이스 전기 C. S. Lewis: A Biography》, 앨런 제이콥스의 《나니아인 The Narnian》, 데이비드 다우닝의 《몹시도 주저했던 회심자 The Most Reluctant Convert》를 참고했다. 무수히 많은 2차 자료 중에는 콜린 듀리즈의《C. S. 루이스 백과사전The C. S. Lewis Encyclopedia》과 제프리 슐츠와 존 웨스트 주니어가 편집한《C. S. 루이스 독자들을 위한 백과사전The C. S. Lewis Readers' Encyclopedia》, 윌 바우스의《순전한 신학Mere Theology》, 월터 후퍼의《C. S. 루이스 안내서C. S. Lewis: Companion and Guide》 등이 특기할 만하다. 다양한 사진자료가 담겨 있어서《C. S. 루이스와 함께한 하루》의 배경 묘사에 도움이 된 책으로는 월터 후퍼의《기쁨 넘어 그 이상으로Through Joy and Beyond》와 더글러스 길버트와 클라이드 킬비가 공저한《C. S. 루이스와 그의 세계C. S. Lewis: Images of His World》, 존 라이언 덩컨의《마법은 결코 끝나지 않는다The Magic Never Ends》, 마이클 코린의《나니아를 창조한 사람The Man Who Created Narnia》 등이 있으며, 월터 후퍼가 편집한《C. S. 루이스 서간집The

Collected Letters of C. S. Lewis》 또한 매우 흥미로웠다. 여기 언급한 저자 한 사람 한 사람에게 감사드린다.

그리고 피터 크리프트에게도 감사드린다. 그의 명저 《천국과 지옥 사이Between Heaven and Hell》에 나오는 C. S. 루이스와 올더스 헉슬리, 존 F. 케네디 사이의 가상대화는 이 책의 초기 구상에 영감을 불어넣어주었다.

영화 몇 편도 루이스가 살던 지역의 영상과 관련하여 도움이 되었는데, 그 중에는 《마법은 결코 끝나지 않는다: C. S. 루이스의 생애와 저서 The Magic Never Ends: The Life and work of C. S. Lewis》와 《C. S. 루이스: 나니아를 넘어서C. S. Lewis: Beond Narnia》, 《C. S. 루이스: 나니아의 몽상가C. S. Lewis: Dreamer of Narnia》등이 있다.

《C. S. 루이스와 함께한 하루》가 나오기까지 수고를 아끼지 않은 앤디 르 포와 알 슈를 비롯한 편집진에게도 감사의 말을 전한다.

원고를 쓰는 동안 사랑과 인내로 참아주고 격려해준 아내 캔디스와 앤서니, 빈센트, 댄티, 마커스에게도 무한한 감사를 보낸다. 아내는 또한 빠른 속도로 초고의 교정을 보면서 적절한 조언을 해주었다.

생명의말씀사

사 | 명 | 선 | 언 | 문

> 너희가 흠이 없고 순전하여……세상에서 그들 가운데 빛들로
> 나타내며 생명의 말씀을 밝혀 (빌 2:15-16)

1. 생명을 담겠습니다.
만드는 책에 주님 주신 생명을 담겠습니다.
그 책으로 복음을 선포하겠습니다.

2. 말씀을 밝히겠습니다.
생명의 근본은 말씀입니다.
말씀을 밝혀 성도와 교회의 성장을 돕겠습니다.

3. 빛이 되겠습니다.
시대와 영혼의 어두움을 밝혀 주님 앞으로 이끄는
빛이 되는 책을 만들겠습니다.

4. 순전히 행하겠습니다.
책을 만들고 전하는 일과 경영하는 일에 부끄러움이 없는
정직함으로 행하겠습니다.

5. 끝까지 전파하겠습니다.
모든 사람에게, 땅 끝까지, 주님 오시는 그날까지
복음을 전하는 사명을 다하겠습니다.

생명의말씀사 서점안내

광화문점 110-061 종로구 신문로 1가 58-1 구세군 회관 2층
 TEL. (02) 737-2288 / FAX. (02) 737-4623

강 남 점 137-909 서초구 잠원동 75-19 반포쇼핑타운 3층 2층 전관
 TEL. (02) 595-1211 / FAX. (02) 595-3549

구 로 점 152-880 구로구 구로 3동 1123-1 3층
 TEL. (02) 858-8744 / FAX. (02) 838-0653

노 원 점 139-200 노원구 상계동 749-4 삼봉빌딩 지하1층
 TEL. (02) 938-7979 / FAX. (02) 3391-6169

분 당 점 463-824 경기도 성남시 분당구 서현동 269-5 서원프라자 서현문고 서관 4층
 TEL. (031) 707-5566 / FAX. (031) 707-4999

신 촌 점 121-806 마포구 노고산동 107-1 동인빌딩 8층
 TEL. (02) 702-1411 / FAX. (02) 702-1131

일 산 점 411-370 경기도 고양시 일산구 주엽동 83번지 레이크타운 지하 1층
 TEL. (031) 916-8787 / FAX. (031) 916-8788

의정부점 484-010 경기도 의정부시 금오동 470-4 성산타워 3층
 TEL. (031) 845-0600 / FAX. (031) 852-6930

파 주 점 413-012 경기도 파주시 금촌 2동 68번지 송운빌딩 2층
 TEL. (031) 943-6465 / FAX. (031) 949-6590

인터넷서점

http://www.lifebook.co.kr